D1731422

Ulrich Harbecke

Der Ochs von Bethlehem

Junge Balladen,
Geschichten und Lieder
um ein altes Fest

Mit Illustrationen
von Joachim Klinger

Grupello

1. Auflage 2010

© by Grupello Verlag
Schwerinstr. 55 · 40476 Düsseldorf
Tel.: 0211-498 10 10 · E-Mail: grupello@grupello.de
Herstellung: Müller, Grevenbroich
Alle Rechte vorbehalten

ISBN 978-3-89978-112-0

Inhalt

Einladung

Ohne Humor kann man Weihnachten nicht ernst nehmen. Ein Gott scheut sich nicht, zum Menschen herunterzukommen. Überdrüssig seiner metaphysischen Einsamkeit mischt er sich mit Haut und Haaren unter seine vergänglichen Geschöpfe, kein ferner Richter und Schlachtenlenker, sondern ein Gott der Geselligkeit – und am liebsten mit den Schmuddelkindern der Gesellschaft. Vielleicht haben wir ihn uns ausgedacht, aber dann ist er unsere schönste und tiefste Erfindung, und es würde sich lohnen, ein Leben lang irrtümlich an ihn geglaubt zu haben.

Was ist da die Heilige Nacht? Ein stürmischer Liebesantrag? Ein skandalöser Fauxpas? Auf jeden Fall ein donnerndes »Nein« gegen die irdischen Machtverhältnisse und die Zuckerwatte gutbürgerlicher Moral. – Wahrlich ein Grund zur Sorge für Amtsträger und Führungskräfte und ein Grund zu feiern für die kleinen Leute, egal ob mit Rauschgoldengel und Lametta, mit Festbraten und Festgottesdienst oder mit Geschenken und Geschichten.

Man ahnt es schon: Durch dieses Büchlein weht ein Hauch von Anarchie, mit der die jungen Balladen, Geschichten und Lieder dem uralten Fest ganz neue Seiten abgewinnen. Um die Krippe von Bethlehem versammelt sich ein skurriles Personal, dem wir uns mit leichtem Frösteln ähnlich fühlen. Das reicht vom nörgelnden Esel und seinem Protest gegen die »Stallbesetzer« über die grübelnden Hirten oder den cleveren Anlageberater, der das

Gold der Dreikönige in todsichere Zertifikate verwandeln will, bis hin zum visionären Ochsen, der als einziger das Wunder der Heiligen Nacht begreift und es der Welt in einem geistbeseelten »Muuuh!« offenbart. – Einige Stücke geistern längst verstreut und subversiv durch die bundesdeutschen Weihnachtsfeiern. – Wer schon glaubte, über Weihnachten sei alles gesagt, hier wird er eines Besseren belehrt.

Frohes Fest!

Weihnachten – na und?

Der Stern, das weiß jeder Astronom,
war eine Planetenkonjunktion.
So was muß nicht von vornherein
gleich eine Himmelsbotschaft sein.
Ein Pärchen, das frierend, wie auf der Flucht,
irgendwo einen Unterschlupf sucht,
und, weil alle Herbergen ausgebucht,
zuletzt sich verkriecht in einem Stall,
du meine Güte, auch das ist normal!
Es gibt doch in allen Ländern und Grenzen
millionenfach solcherlei Existenzen,
von den Behörden bedrängt und geplagt,
von Polizei oder Bürgern gejagt,
abgeschoben und illegal.
Das ist beileibe kein Sonderfall,
und niemand ließe die Glocken klingen
und würde das »Stille-Nacht-heil'ge-Nacht« singen.
Und daß da Frauen am Straßenrand liegen
und unter Qualen Kinder kriegen,
und wissen nicht, der Not zu wehren,
das Kind zu wärmen und zu nähren –
auch das hat man tausendfach schon gehört
und ist – denk ich – keinen Engelschor wert.
Da hätten die auch eine Menge zu tun
und kämen wohl keine Nacht aus den Schuhn.
Und daß irgendwelche Mädchen und Knaben
sich ängstigen, frieren und Hunger haben
und namenlos im Elend verkümmern,
gewiß, das finden wir alle betrüblich,

doch ist es – ich bitte Sie – massenhaft üblich.
Da sieht man dann auch keine Kerzen schimmern,
und niemand dächte hier im Traum
an Rauschgold, Lametta und Weihnachtsbaum.
So wird man an dem, was die Engel verkünden
im Grunde nichts Sensationelles finden.
Was damals geschah, in dem windigen Stall,
war überhaupt kein besonderer Fall,
sondern gebräuchlich und völlig normal.
Bethlehem ist eben – überall.
Und doch, wenn wir jetzt so die Hirten sehn,
wie sie verklamt an der Krippe stehn
und bringen ein paar ärmliche Sachen,
ohne darüber viel Worte zu machen
und teilen ganz einfach die eigene Not,
ein Fell, etwas Milch oder Butter und Brot,
und machen mit mehr oder wen'ger Geschick
auch noch ein wenig Hirtenmusik,
und ob da ein Kind oder Gott liegt im Stall,
ist ihnen eigentlich ziemlich egal.
Alle Achtung! – Das lassen wir gelten,
denn das – mit Verlaub – ist immer noch selten.
Da läßt dann auch Gott seine Engel singen
und diesen Hirten ein Ständchen bringen.
Die nämlich sind hier die Sensation.
Natürlich ahnen sie nichts davon …

Die Kerze

Ich mag nicht sehr die Lichterflut,
doch eine Kerze, die tut gut.

Das Wachs, an vielen Sommertagen
vom Bienenfleiß herbeigetragen,
mit Nektar, Blütenstaub benetzt,
mit Bienenspucke gut durchsetzt,
geknetet, paßgenau geformt,
im Sechseck raffiniert genormt,
dann für den höhern Zweck gespendet,
(man darf auch sagen: schlau entwendet),
gerollt, geschmolzen und gefaltet,
um einen Docht herumgestaltet,
so steht die Kerze duftend frisch
auf meinem Winterabendtisch.

Und nun beginnt nach der Verrichtung
die zauberhafte Selbstvernichtung.
Das Streichholz zischt, der Docht erglimmt.
Wenn alles gut zusammenstimmt,
steht bald mit Zittern und mit Schwanken
wie ein Gedicht aus Lichtgedanken
die Flamme auf des Dochtes Bein
und tanzt und schwebt, saugt in sich ein
vergangner Blütentage Luft,
der Bienen Fleiß, des Honigs Duft,
erleuchtet zart das dunkle Haus
und atmet sich im Feuer aus.
Und schon entsteht durch dessen Hitze

am Fuß des Dochtes eine Pfütze,
die schneller fließt als angesaugt
und reicher spendet als gebraucht.

Und ringsum wachsen weich und milde
die allerfeinsten Wachsgebilde,
als Tropfen, Knospen oder Knollen,
mal zögerlich, mal in die vollen,
im Wettstreit zwischen warm und kalt,
verrückt, gediegen, neu und alt,
ein Spiel der Form und Phantasie,
ganz jetzt und hier und wie noch nie ...
Ich kann mich daran satt nicht sehn
und finde es ganz einfach schön.

Okay, ich weiß, die weite Welt
ist leider nicht so schön bestellt.
Wo draußen sich die Gangster jagen,
die Völker aufeinander schlagen,
die smarten Börsenhaie zocken,
den Globus in die Falle locken,
wo Kinder frieren oder hungern
als Lebendmüll auf Halden lungern,
wo Wälder, Flüsse, Tiere sterben
und Zukunftschancen früh verderben,
da weiß ich selbst: So ein Gedicht
gehört sich nicht.

Und doch. Es ist nun mal geschrieben,
vielleicht ein wenig übertrieben.
Wenn ja, dann liegt's an Euch und mir.
Die Kerze, sie kann nichts dafür.

Advent

Fünf Gänschen liegen dort im warmen Stroh,
goldgelb und flauschig, zärtlich sowieso,
und alle sind sie ihres Lebens froh.
Sie glauben auch, daß sie der Schein nicht trügt,
das ganze Leben noch vor ihnen liegt.

Und siehe da, man tränkt und füttert sie,
an guten Vitaminen mangelt's nie
bis abends spät und morgens in der Früh.
Gut soll es ihnen gehn auf dieser Erden.
Sie sollen groß und fett und kräftig werden.

Der Bauer ist ihr väterlicher Freund,
weil er es immer gut mit ihnen meint,
schützt sie auch vor dem Fuchs, dem bösen Feind.
Er freut sich herzlich, daß sie fröhlich und
so wohl gedeihen, rüstig und gesund.

Er läßt sie draußen auf der Wiese sein
in frischer Luft und warmem Sonnenschein.
Sie dürfen schnattern, sich des Lebens freun.
So singen sie dann auch aus voller Brust,
und jeder Tag ist Freude, Liebe, Lust.

Und selbstverständlich ist es ihnen klar,
daß dieser Sommer nur der erste war.
Noch viele werden folgen. Wunderbar!
Und auch im Winter wird sich keine härmen.
Der Bauer wird sich kümmern und sie wärmen.

So ist ihr Dasein täglich ungetrübt.
Welch Glück, daß man sie so von Herzen liebt,
wie es das fast nur noch im Märchen gibt.
Da kommt der Bauer, ach, ist das ein Segen!
Sie laufen fröhlich schnatternd ihm entgegen.

Irgendwas liegt heute in der Luft

Irgendwas liegt heute in der Luft
und ist einfach nicht normal
wie Musik und Glück und Plätzchenduft.
Es ist ganz phänomenal.
Jeder staunt und fragt und spürt es auch.
Es vibriert in Kopf und Herz und Bauch,
und man findet's genial.

Als der Fußball in die Scheibe klirrt
kommt der Nachbar rasch heraus,
doch er sagt, das sei ihm auch passiert,
und geht lachend heim ins Haus.
Und der ungemütliche Herr Schmidt
bringt Frau Schulze frische Brötchen mit.
Die sieht nun viel jünger aus.

Der Herr Meyer steht im Parkverbot
und kriegt keinen Knöllchenschein.
Mathelehrer Pütz sieht nicht mehr rot
und läßt fünfe grade sein.
Auch der Chef stockt die Gehälter auf
und nimmt weniger Gewinn in Kauf.
Der bleibt trotzdem nicht ganz klein.

Jeder hat den Smiley im Gesicht.
Wie soll man das nur verstehn?
Und die alten Falten sieht man nicht.
Das ist auch kosmetisch schön.
Vater spielt mit uns ganz froh und lacht
auch wenn man was nicht ganz richtig macht.
Was ist bloß mit dem geschehn?

Mutter backt und kocht jetzt immerzu,
und das ganze Haus ist rein.
Nur das Wohnzimmer ist jetzt tabu
Niemand darf da mehr hinein.
Jeder spinnt und alle sind verrückt,
nur noch Fröhlichkeit, wohin man blickt.
Ach, so soll es immer sein.

Jetzt packe ich aus!
oder: Der Esel von Bethlehem

»Gerade hatte ich's mir zur Nacht
im Stall so richtig gemütlich gemacht,
da wurde es draußen schon wieder laut.
Kein Esel wäre von so was erbaut.
Den ganzen Tag hat man schließlich geschuftet,
die Säcke geschleppt, die Wagen gewuchtet,
und ging nicht alles gleich im Trab,
so fiel wohl mancher Hieb noch ab.
Jetzt wollte ich endlich meine Ruh,
die stand mir doch wohl wahrlich zu.
Da öffnet sich mit Laternenschein
die Tür. Ein Windstoß faucht herein,
so daß das bißchen Wärme flieht.
Als ob's nicht schon genügend zieht.
Zwei Fremde dringen in meinen Stall!
Ich bitte Sie, ist das legal?
Sie reden und tuscheln. Sie breiten sich aus
und tun, als wären sie hier zu Haus.
Na ja, denk' ich, was soll man machen.
Wir Esel haben nichts zu lachen,
und unsereiner ist schon froh,
mit etwas Heu und etwas Stroh.
Da hätte ich beinah vergessen
mein wohlverdientes Abendessen.
Jetzt aber rasch den Tisch gedeckt.
Hm, wie das duftet, wie das schmeckt!
Gerade hau' ich richtig rein,
da höre ich ein Baby schrein.

Das hat die Frau zur Welt gebracht.
Auch das noch! Na, dann gute Nacht!
Doch nicht nur meinen Schlaf zu rauben,
sie kommen, niemand wird es glauben,
sie kommen, ihren Kindersegen
in meiner Krippe abzulegen!
Mein Heu und all die Leckerbissen
benutzen sie als Liegekissen!
Ich muß schon sagen, liebe Leut
das war zu viel, das ging zu weit.
Ich kann es heute noch nicht fassen.
Muß man sich so was bieten lassen?
Da kann man doch nur lamentieren
und protestieren, pro-te-stie-ren!«

Der Esel hat so reden müssen.
Er wußte nicht, was wir heut wissen,
daß nämlich in jener heiligen Nacht
Gott seinen Sohn zu uns Menschen gebracht.

Uns ist er natürlich herzlich willkommen,
zu Weihnachten sogar nicht nur den Frommen.
Wir lassen ihn ja auch gerne gewähren.
Nur darf er uns nicht die Ruhe stören
mit Hausbesetzung und Bettelei,
mit Friedensbewegung und Kindergeschrei,
und will er uns gar ans Futter gehn,
dann ist es vorbei mit dem Spaßverstehn.
Trotzdem versuchen wir hier auf Erden,
den Leuten von Bethlehem ähnlich zu werden.
Wir schaffen's wohl nie mit dem Gottessohn,
aber dem Esel sind wir es schon …

Kleiner Grenzverkehr

Wenn Aloys Hagendubler eines nicht vertragen konnte, dann war es Mißerfolg. Ein Tippfehler seiner Sekretärin legte sich ihm aufs Gemüt. Eine »dumm gelaufene« Verhandlung, eine ungenutzte Kursschwankung trieben seinen Puls in die Höhe. Eine rote Zahl in der Firmenbilanz brachte ihn zur Weißglut. Niederlagen empfand er als persönliche Beleidigung und nahm sie bitter übel. Kein Wunder, daß Doktor Krakau die Stirn runzelte, wenn er seinen Blutdruck maß. Kein Wunder aber auch, daß Hagendubler & Co. florierte und expandierte und in der Branche zu den besten Adressen gehörte.

Heute jedoch war einiges schiefgelaufen. Die Verhandlungen mit Röttger & Co. liefen nicht wie geplant, sie dauerten länger als erwartet und saßen schließlich fest. Es war offenkundig: Auch der alte Röttger hatte eine Antipathie gegen Mißerfolge. Machen wir es kurz. Am frühen Abend erhoben sich die beiden Herren, verneigten sich starren Gesichts und verließen durch die entgegengesetzten Türen den Konferenzsaal, jeder eine Art Komet, dem ein Schweif aus Prokuristen und Finanzexperten folgte.

»Zum Hotel!« schnarrte Hagendubler, als ihn sein Chauffeur fragend anblickte. Der riß die Wagentür auf, schloß sie so zartfühlend wie möglich und hechtete hinter sein Lenkrad. Bald konnte er durch die Heckscheibe nichts mehr sehen. Hagendubler sog dicken Qualm aus seiner Zigarre, den er eruptiv und schnaufend von sich stieß.

Der Feierabendverkehr war auch nicht dazu angetan, die Nerven des Chefs zu beruhigen. Zu allem Unglück befand sich das Hotel an der Nordseite des Hauptbahnhofs – zwar ein edler Familienbetrieb, in dem er seit Jahrzehnten abzusteigen pflegte, aber eben doch in der Mitte dieser idiotischen Stadt.

Um den Bahnhof herum brodelte es von eiligen Passanten, plärrenden Kindern, sperrigen Kleintransportern. Einzig drüben, auf dem großen Gitter des U-Bahnschachtes, dem verbrauchte, aber warme Luft entstieg, machten sich die Penner des Viertels für die Nacht zurecht. Im milden Schein eines städtischen Weihnachtsbaums herrschte gutbürgerlicher Frieden. Plastiktüten standen am Rand. Sie enthielten das, was nach einem langen Leben unentbehrlich schien. Man rückte so dicht wie möglich zusammen, denn das Gitter war begrenzt, und die dicke Marfa mußte sich Anzüglichkeiten gefallen lassen, da ihre Leibesfülle einem anderen den Platz wegnahm. Der Winter war kalt und die Nächte lang.

Eher unbewußt streifte Hagendublers Blick das »Schnorrerpack«, und einmal mehr begriff er nicht, warum das Ordnungsamt der Stadt mit diesem Problem nicht fertigwurde. Die Drehtür des »Eden-Hotel-Wolff« sog ihn sanft ins Innere. Auch hier glomm ein mit Lametta, Engelwatte und Kugeln des neuesten Designs verkleideter Baum. Den Gast umfing das warme Licht des Foyers, der gepflegte Duft eines guten Hauses und die milde Dienstbarkeit des Personals. Man half ihm aus Mantel und Hut, rückte ihm einen der Ledersessel zurecht. Empfangschef Bengt von Hohenstein grüßte formvollendet. Hoteldiener Franz hob einen Daumen. Das bedeutete »ein Weißbier«.

Barkeeper Korbinian machte sich augenblicklich ans Werk.

Hagendubler atmete durch. Das Bier war gut. Kühl und herb; das war es, was er brauchte. Nach dem dritten Glas legte sich ein flauschiger Weichmacher über die harten Konturen der Dinge. »Alt werde ich nicht heut abend«, dachte er und erhob sich, um die Prophezeiung sogleich zu verwirklichen. Der Diener wünschte eine erholsame Nacht. Der Aufzug trug ihn mit leisem Schnurren in den achten Stock.

Das Zimmer war eine Enttäuschung. An der Innentür klebte der Übernachtungspreis. Als er ihn mit der Größe des Raumes verglich, fand sich keine Entsprechung. Einen Moment überlegte er, ob er sich jetzt schon beschweren sollte oder erst morgen früh bei der Abreise, aber vermutlich war das Haus vollbesetzt und um diese Stunde kein Wechsel mehr möglich, ganz zu schweigen von den Unannehmlichkeiten des Umzugs. Nun gut. Er zwängte sich ins Bad und freute sich auf die entspannende Wirkung einer Dusche. Er freute sich zu früh. Die Temperatur des Wasserstrahls war nicht konstant zu regeln. Eben noch zu heiß, so daß er den Hebel herumreißen mußte, um nicht verbrüht zu werden, traf ihn Sekunden später ein eiskalter Guß, so daß er nackt aus der Kabine sprang. Wütend unterbrach er die unfreiwillige Kneippkur und hatte nur noch einen Gedanken: ins Bett! Augen zu. Schlafen.

Da noch nie ein Mensch aus Zorn eingeschlafen ist, lag er eine Stunde später noch immer wach und starrte an die Decke. Der Fernseher half ihm auch nicht weiter. Er versuchte es mit Schäfchenzählen. Ohne Erfolg. Die Biester sprangen ungerührt durchs Bild und legten sich gleich nebenan zur Ruhe.

Jetzt merkte er, was er auf den Tod nicht ausstehen konnte: Das Zimmer war völlig überheizt. Sämtliche Hotelzimmer waren überheizt. Dieses hier schien einem Backofen nachzueifern. Gott sei Dank gab es eine Klimaanlage. Er fand den Regler, legte sich wieder hin und wartete. Vergeblich. Der Ventilator funktionierte, aber er klapperte. Er stieg auf einen Stuhl und schlug gegen das Gitter. Der Ventilator schlug zurück und klapperte noch lauter. Hagendubler sprang zum Fenster und riß die Vorhänge auseinander. Das Fenster war verschraubt und ließ sich nicht öffnen, zweifellos eine wohlgemeinte Schutzmaßnahme gegen den Bahnhofslärm dort unten.

Und dann sah er, was allem die Krone aufsetzte: Er sah die Penner des Bahnhofsviertels dort unten, sah, wie sie selig schliefen, eingerollt in ihre Decken oder Schlafsäcke, unberührt von allen Unbequemlichkeiten des höheren Geschäftslebens und – das war der Gipfel – kostenlos.

Impulsiv wollte Hagendubler zum Telefon greifen, den Innenminister anrufen und schärfsten Protest einlegen. Aber dann kam ein Gedanke, so verrückt, daß er sich umschaute, ob ihn jemand beobachtete.

* *
*

Minuten später hatte der alte Pedder eine Erscheinung. Vor ihm stand die stattliche Figur eines Großindustriellen in Wintermantel mit Pelzbesatz.

»Hören Sie!« sagte der Mann, »ich heiße Hagendubler und bin Geschäftsmann auf der Durchreise. Und was ich Ihnen vorschlage, ist ein Geschäft.«

Der Alte fuhr sich mit der Hand über die Augen. »Ein Geschäft?« fragte er.

»Ich wohne dort drüben im Eden-Wolff«, fuhr Hagendubler fort, »dies hier ist mein Zimmerschlüssel. Nummer 835. Sie können dort übernachten, wenn Sie mir hier Ihren Platz überlassen.«

Der Alte schüttelte ungläubig den Kopf, was Hagendubler mißverstand.

»Nur eine Nacht!« sagte er.

Der alte Pedder blickte hinauf zum achten Stock des Luxushotels, dann über die schlafenden Kumpel des U-Bahngrills, dann in das Gesicht des vornehmen Herrn und zuletzt ratlos auf die fleckige Oberfläche seines Schlafsacks.

»Hören Sie!« sagte Hagendubler, und jetzt war etwas existentiell Flehendes in seiner Stimme. »Das Zimmer ist akzeptabel. Das Bett ist weich und sauber. Die Dusche hat ihre Macken, aber es geht irgendwie. Und es kostet pro Nacht 250 Euro.«

Der Alte fuhr erschrocken hoch.

»Nein, nein«, beruhigte ihn der Großindustrielle. »Es ist alles bezahlt. Sie gehen hinein. Der Pförtner ist um die Zeit hinten im Büro, oder Sie sagen ihm einfach, Sie seien mein Gast. Sie nehmen den Aufzug. Das ist alles.«

Der alte Pedder glaubte noch immer an einen Traum, aber es war ein schöner Traum. Offenbar hatte er zu tief in die Rotweinflasche geschaut. Einmal in so einem Luxusschuppen übernachten, auch wenn es nicht wirklich war, das hatte was. Hagendubler legte noch einmal nach: »Es gibt auch eine Minibar«, sagte er, »nichts Tolles, aber immerhin. Geht auf meine Rechnung.« Jetzt war der Alte

überzeugt. Er hatte nichts zu verlieren. Das Schlimmste
war aufzuwachen.

Und dann lag Hagendubler auf dem kostbaren und
kostenlosen Platz, eingerollt in seinen Mantel, unbeachtet
von den Schlafgenossen dieser Nacht, schwebend im war-
men Mief der U-Bahn, die nur gelegentlich in der fernen
Tiefe vorüberrauschte. Bald lullten ihn die Bahnhofsge-
räusche ein. Die Lichter des städtischen Weihnachts-
baums blinzelten ihm zu. Hagendubler schlief. Er schlief
tief und fest, nur einmal zart bedrängt von der dicken
Marfa, als die sich auf die andere Seite legte.

* * *

Der alte Pedder kam nicht so rasch zur Ruhe. Als ihn die Drehtür des Eden-Wolff aus der einen Welt in die andere beförderte, wobei ihn seine Plastiktüten behinderten, war Empfangschef von Hohenstein nicht »im Hintergrund«, sondern starrte ihm mit steiler Stirnfalte entgegen. »Darf ich fragen, was Sie ...«

Es war also doch kein Traum. Der Alte spürte es sehr deutlich, aber er winkte tapfer mit dem Zimmerschlüssel.

»Ich wohne in 835.«

»Aber ...«

»Herr Hagendubler hat es erlaubt. Es ist ein Geschäft, hat er gesagt.«

»Aber ...«

»Es ist alles bezahlt. – Oder hat man hier was gegen einfache Leute?«

»Das nicht, äh, ich meine ...«

»Dann ist ja alles in Butter. – Oder soll ich Herrn Hagendubler berichten, daß seine Freunde und Geschäftspartner hier nicht willkommen sind?«

Der Empfangschef hatte plötzlich Schweißperlen auf der Stirn. Die Situation war in seiner Ausbildung nicht vorgekommen. Wilde Gedanken schossen durch sein Hirn. Vielleicht war dies ein Test. Dem Hagendubler war das zuzutrauen. Oder wollte die Nummer eins des Hotels wissen, wie er in einem solchen Fall reagieren würde? Er fühlte sich wie im Flugsimulator, wenn es plötzlich Turbulenzen gibt und alle Instrumente ausfallen.

»Warten Sie hier«, sagte er, »ich kann das nicht allein entscheiden.«

Für den Augenblick rettete er sich in den Hintergrund, griff nach dem Telefon und wählte die Nummer des Verwaltungschefs. Der alte Pedder überließ ihn seinen Pflichten. Er hatte die Bar entdeckt. Im Dämmerschein sah er eine Theke mit glitzernden Maschinen, Gläsern und Flaschen. Unwiderstehlich angezogen steuerte er darauf los, verstaute seine Tüten in einem der Ledersessel, zog sich auf einen Hocker und schlug mit der Hand auf die Theke.

»I hob aan Durscht. Aan großmächtigen Durscht hob i!«

Barkeeper Korbinian fuhr erschrocken empor. So energisch hatte ihn hier noch niemand angeredet, schon gar um diese späte Stunde. Im stachligen Gesicht des Alten leuchteten zwei Augen, die ihn offenbar ermutigen wollten, jetzt das einzig Richtige zu tun. Gleichzeitig deutete eine Hand mit schwarzgeränderten Fingernägeln auf die Zapfsäule.

Dieser Einbruch einer anderen Realität hatte etwas Magisches. Wie unter Zwang nahm Korbinian ein Glas.

»Ein großes!« befahl der Alte.

Er nahm also ein großes Glas und hielt es unter den Hahn. In mächtigem Schwall schäumte das gelbe Naß hinein und über den Rand hinaus. Das war ihm lange nicht passiert. Es war schlechter Stil. Innerlich geschwächt schielte er zum Foyer hinüber. Der Empfangsbereich war verwaist, aber tief im Hintergrund sah er von Hohenstein, der mit verzweifelten Gesten telefonierte.

»Aha«, dachte er, »der hatte diesen ›Menschen‹ nicht aufhalten können. Und er kann doch sonst alles, der ›Herr Bengt von und zu Hohenstein und drum herum‹, bildet sich immer viel ein auf seinen Rang als ›Empfangschef‹, der ›Pförtner‹, der er ist. Trägt die Nase gewaltig hoch, und würde keinen einzigen Cocktail zustande bringen. Gescheitert war er also an diesem ›Menschen‹. – Dann geht's mich nichts an. Bin ich der Empfangschef?«

Mit aufmüpfigem Schwung schob er dem Alten sein »Großes« zu. Der hob es zitternd an die Lippen. War's nicht doch ein Traum? Wenn er nur jetzt nicht noch zerplatzte!

»Sehr zum Wohl!« rief er, und da er jetzt das Ehepaar Bluntschli entdeckte, das drüben in der dunklen Ecke saß, wiederholte er noch einmal: »Sehr zum Wohl!«

Und dann trank er. Sein Hals wurde zur kommunizierenden Röhre. Mehr noch. Das blonde Gebräu strömte durch alle seine Sinne. Er trank mit verschleiertem Blick, mit Andacht und Inbrunst.

Korbinian schaute zu. Auch das war ihm noch nicht begegnet. Normalerweise standen hier nervöse Geschäftsleute oder erschöpfte Kongreßteilnehmer, denen ein Cocktail wieder aufhelfen sollte, oder gelegentlich Kunstreisende wie die Bluntschlis da drüben, die ein »lokales Getränk« bestellten. – Dieser Mensch aber trank. Er war nicht nur durstig. Er hatte »aan Durscht«, er wußte noch um die Kraft und die Herrlichkeit des Trinkens.

»Noch aans!« rief der Alte und knallte das leere Glas auf die Theke. »Es ist alles bezahlt.« Zum Beweis drehte er den Schlüssel um seinen Zeigefinger. Anerkennend sah er sich um. »Schön habt ihr's hier.«

Die Bluntschlis waren hellwach. Der Alte dort, offenbar bayerischer Ureinwohner, faszinierte sie wie die Bavaria auf der Theresienwiese mit ihren gewaltigen Brüsten. »Köstlich!« sagte Frau Bluntschli. »Ist er nicht köstlich?«

Das Ereignis an der Theke gab dem Tag noch einen unerwarteten Kick. Natürlich gehörte der »Mensch« nicht hierher, das war klar zu erkennen, aber vielleicht war es auch anders. Vielleicht war das Hotel der Fremdkörper und paßte nicht zu so einem deftigen Kerl. Die beiden tuschelten angeregt. Herr Bluntschli hatte eine Idee. Vielleicht war das ein origineller Werbegag des Hauses, ein Stück Folklore, das man ihnen gratis servierte, um sie mit den Urkräften des Landes vertraut zu machen. Die Hotels ließen sich heutzutage mancherlei einfallen, um Gäste anzulocken.

Das zweite Glas war gefüllt, aber nun merkte der Alte, daß genußvolles Trinken noch zu steigern war. »Aan richtiger Durscht« war erst vollkommen, wenn man ihn gesellig löschen konnte.

»Eine Runde!« rief er aus. »Ein Großes für alle! – Geht auf mich. Ist alles bezahlt.«

Korbinian ließ sich nicht bitten. Die Sache machte ihm diebischen Spaß. Mit geübtem Griff, als sei er auf der »Wias'n«, packte er drei halbe Maß, schob sie klirrend zusammen und jagte das schäumende Bier hinein.

»Bitte sehr, die Herrschaften!« rief er.

Die Bluntschlis kamen herzu und setzten sich links und rechts neben den Alten. Der schüttelte ihnen die Hände und stieß einen Jodler aus.

»Verbindlichen Dank!« rief Herr Bluntschli und hob das Glas.

»Köstlich!« rief Frau Bluntschli immer noch. »Ist er nicht köstlich?«

Während in der Bar die Stimmung stieg, folgte im Büro eine Krisensitzung auf die andere. Empfangschef von Hohenstein gab alle fünf Minuten ein Bulletin heraus.

»Er schmeißt eine Runde!« zischte er gerade ins Telefon. Was soll ich machen?«

»Ruhe bewahren. Vor allem Ruhe bewahren. Es gibt keine Skandale im Eden-Wolff. Randaliert er? Beschädigt er die Einrichtung? Bedroht er Gäste?«

Herr von Hohenstein beugte sich vor. »Das nicht. Noch nicht. Aber wenn das so weitergeht, garantiere ich für nichts.«

»Holen Sie die Resl!«

»Die schläft doch längst.«

»Dann holen Sie sie aus dem Bett! – Ich komme gleich. Bis dahin Ruhe bewahren, haben Sie verstanden?«

Der Empfangschef hatte verstanden. Die Resl. Das war eine gute Idee. Frühmorgens befehligte sie die Putzkolonne. Dann kontrollierte sie die gereinigten Zimmer. Sie war zuverlässig und verkehrte schwellenlos mit den Gästen. Sie würde den Papst mit »Grüß Gott, Herr Papst!« empfangen und mußte auch mit dem »Menschen« da fertigwerden.

An der Bar war man sich unterdessen gehörig nähergekommen. Die Bluntschlis zeigten die Fotos der Kinder und Enkel. Korbinian mixte seinen Lieblingscocktail. Der alte Pedder erzählte von den Abenteuern eines Tippelbruders. Er wähnte sich im Garten Eden. Und Teufel auch, die Säfte wurden immer schärfer, aus Prozenten wurden Promille, aus Anekdoten wurden Witze, aus Witzen Zoten, und da es allen Beteiligten ähnlich ging, wurde aus der Glitzerbar des Eden-Wolff Zug um Zug eine urbayerische Kellerkneipe. Und die Gesellschaft wuchs. Drei weitere Gäste, Spätheimkehrer aus der Staatsoper, hatten beim »Lohengrin« nicht ausgeschlafen und mischten sich kopfüber ins volle Menschenleben. Korbinian schenkte aus, was das Zeug hielt. Die Bar steuerte einem Rekordumsatz zu.

Als zeitgleich der Verwaltungschef und die Resl eintrafen, sang man gerade »Grüß dich Gott, du Land der Bayern!«, und der alte Pedder hatte um eine Runde gewettet, daß er die Hymne auf einem Bein durchstehen

könne. Er überschätzte sich. Plötzlich schwankte das Land
der Bayern. Die Resl sprang herzu und fing den Alten auf.
»Ab in die Koje!« befahl sie. »Herrschaftszeiten, was
sind das für Sitten!« – Das Objekt ihrer Fürsorge wandte
den Kopf zur Seite und beäugte sie und den Verwaltungs-
chef mit tiefer Verwunderung. »Zwei Engel sind herein-
getreten«, sang er murmelnd. Die Resl übernahm das
Kommando. »Sie nehmen die Beine!« – Herr von Hohen-
stein sah hinter sich, aber da war niemand. »Und Sie die
Tüten!« herrschte sie den Verwaltungsdirektor an. Der
schrak zusammen und ergriff gehorsam die Besitztümer
des Alten. Wenn dieser Alptraum nur bald zu Ende ging.
Das Einsatzkommando begab sich in Richtung Aufzug.

»Warum werfen wir ihn nicht einfach auf die Straße?«
fragte von Hohenstein. Resl sah ihn verwundert an. »Es
ist Advent. Man hat doch sein Christentum im Leib.
Wenn unserm Herrgott der Stall nicht zu schlecht war,
darf auch mal ein Tippelbruder ins Eden-Wolff.«

In Zimmer 835 legten sie den Alten auf Hagendublers
zerwühltes Bett. »Zieht ihm die Stiefel aus!« befahl die
Resl. »Ich hol einen Eimer. Man kann nie wissen.« – Der
alte Pedder sah mit glasigem Lächeln zur Decke. »Es ist
alles bezahlt!« lallte er und schlief Sekunden später ein.

*   *
*

Empfangschef von Hohenstein sah schonend zur Seite, als
Hagendubler im Morgengrauen auftauchte, zerdrückt
und angestaubt, aber heiter wie nach einem Herrenabend.
Mit starrem Blick folgte er kurz darauf einem gewasche-
nen, geföhnten und gestriegelten älteren Herrn, der nach-
lässig gekleidet und unsicheren Schrittes, aber erhobenen
Hauptes hinter der Drehtür verschwand, wobei ihm seine
zahlreichen Plastiktüten zu schaffen machten.

Als Hagendubler seine Rechnung bezahlte, konnte er
einen ergebenen Seufzer nicht unterdrücken. – Von
Hohenstein überbrückte den gefährlichen Moment der
Wahrheit. »Da ist ein Fax für Sie«, sagte er und übergab
ihm das Blatt. Hagendubler las:

»Verehrter Kollege und Gegner,

sah Sie zufällig an der Nordseite des Hauptbahnhofs in
einträchtigem Schlaf mit den Obdachlosen. Glaube jetzt,
daß Ihr niedrigstes Preisangebot ehrlich war. Ich werde den
Vertrag unterschreiben. Wir sehen uns gleich. – Röttger«

Fürchtet euch nicht

Als damals der Engel im Sternenlicht
zwecks Christi Geburts- und Friedensbericht
den Hirten auf Bethlehems Feldern erschien,
da sagte er ihnen gleich zu Beginn:
»Fürchtet euch nicht!«
Und so, wie es damals beim ersten Mal war,
sagt er es immer noch Jahr für Jahr.
Als hätt' man von dem, was uns hier unten stört
noch niemals dort oben im Himmel gehört,
als gäb' es nicht Hunger, Ängste und Pein,
nur überall eitel Sonnenschein,
als seien Irak und Afghanistan,
Tschetschenien, Ruanda oder Sudan,
als seien die Völker, die sich drangsalieren,
berauben, bekämpfen und massakrieren
nichts weiter als pure Theorie
und Ausgeburten der Phantasie,
als würde der Terror nicht um sich beißen
und Hamas, El Kaida und wie die so heißen
aus Haß und Verzweiflung und Ideologie
mit Bomben jeglicher Kategorie
nicht täglich schreckliche Wunden reißen,
als würden nicht, während wir dieses hier reden,
ganze Völker an AIDS veröden,
als würden nicht Kinder gequält und geschändet
und dann noch als Foto durchs Web gesendet,
als würden sie nicht auf den Müllkippen lungern,
in vielen Ländern einfach verhungern,
als würden nicht immer noch Frauen geknechtet,

verstümmelt, gedemütigt und entrechtet,
als sagte man Tausenden nicht ins Gesicht:
»Ihr seid entbehrlich. Wir brauchen euch nicht!«
Als wüßten die Manager nicht raffiniert,
wie man die Firmen geschickt ruiniert,
und das Geld andrer Leute ungeniert
dezent in die eigene Tasche verliert,
als verdunste die öffentliche Moral
nicht im täglichen Korruptionsskandal,
und als zögen nicht andre das kleine Los,
millionenfach nutz- oder arbeitslos,
und so als versteckten sie nicht ihr Gesicht
im ständig wachsenden Armutsbericht,
als würden nicht wieder vor deutschen Türen
braune Horden Parolen skandieren,
als würde das Klima nicht längst schon schwitzen
und die Erde mit Fieber im Treibhaus sitzen,
als würd' nicht noch viel mehr im argen liegen …
(Auch der Kölner FC ist abgestiegen!)

Da steht dieser Engel und sagt ganz schlicht:
»Fürchtet euch nicht!«

Was soll man von solchen Himmelsgestalten
aus ihrem Wolkenkuckucksheim halten?
Sind das komplett abgedrehte Wesen?
Haben die nie eine Zeitung gelesen?
Man muß schon sagen: Die haben es gut
mit ihrem naiven Gratismut.
Obschon, es wäre natürlich nicht schlecht,
sie hätten ein ganz klein wenig recht.

Sie wollen vielleicht nur von Leben zu Leben
die Hoffnung Gottes weitergeben.
Nicht nur uns Menschen, sondern auch ihm.
Seit Bethlehem sind wir nämlich ein Team.

Weihnachtslied

Und wie-der ist stil-le und hei-li-ge Zeit, ein Se-gen streicht ü-ber die Er - de. Die Welt war so eng, und nun wird sie so weit, dass wie-der es Weih-nach-ten wer - de. Der Tag war so trü-be, so dun-kel die Nacht, so leer wa-ren Nä-he und Fer - ne. Nun hat sich ein heim-li-ches Feu-er ent-facht. Nun leuch-ten im Dun-kel die Ster - ne.

Und wieder ist stille und heilige Zeit,
ein Segen streicht über die Erde.
Die Welt war so eng, und nun wird sie so weit,
daß wieder es Weihnachten werde.
Der Tag war so trübe und dunkel die Nacht,
so leer waren Nähe und Ferne.
Nun hat sich ein heimliches Feuer entfacht,
nun leuchten im Dunkel die Sterne.

Und wieder erscheint uns in Kindesgestalt
der ewige Schöpfer der Welten
und wendet sich gegen der Menschen Gewalt
und läßt nur die Liebe noch gelten.
Und wieder ist über dem ärmlichen Stall
der goldene Stern aufgegangen,
und Hirten und Engel, sie neigen sich all,
den Heiland der Welt zu empfangen.

Und wieder sind Menschen zufrieden und frei
und suchen der anderen Hände.
Sie waren so müde, nun sind sie wie neu
und sprengen die Gitter und Wände.
So schwer waren Träume, so traurig war Spiel,
verwirrt waren Straßen und Pfade.
Nun sind sie so hell und sie haben ein Ziel,
und alles ist Güte und Gnade.

Nicht alles, denn gleich neben diesem Gedicht
wird weiter wie damals betrogen,
bespitzelt, verfolgt und nach feigem Gericht
gefoltert, gemordet, gelogen.
Und Lautsprecher dröhnen und haben die Macht,
denn Händler und Marktschreier haben
seit langem die »stille und heilige Nacht«
in Zucker und Rauschgold begraben.

37

Schöne Bescherung!

Alle Jahre wieder. Wenn die Lichterketten in den Einkaufsstraßen hängen, als gäbe es in der Stadt nicht dunkle und tote Winkel, wo sie nötiger wären. Wenn die rotweißen Nikoläuse wie Ungeziefer oder verkleidete Vogelscheuchen an den Hausecken kleben. Wenn gehetzte Hausfrauen den überladenen Einkaufswagen durch die überquellenden Regale schieben und entnervte Mütter dabei plärrende Kinder zu Enthaltsamkeit ermahnen. Wenn Kunden und Verkäufer, Werbestrategen und Kassiererinnen die vierwöchige Polonäse durch die Ladenstraßen und Kaufhäuser tanzen. Wenn von früh bis spät die »Kinderlein kommen«, und die Nacht »still und heilig« aus den Lautsprechern sickert. Wenn der Verbandsvorsitzende des Einzelhandels Abend für Abend zur besten Sendezeit erläutert, wie die Dinge stehen und daß alles anders sei als im Vorjahr, aber man hoffe noch aufs nächste Wochenende usw. usw.

Dann fällt mir Oma Gillmann ein.

Sie war eine herbe Bergmannswitwe, besaß nie eine Aktie und liebte Kinder. Sie war evangelisch oder gar nichts. Ihr ältester Sohn war sogar »nebenher« geboren, was Opa Gillmann nicht sonderlich übelnahm. Später erkannten wir, daß sie das der Heiligen Familie ähnlich machte.

»Und was wünscht ihr euch zu Weihnachten?«

Es war zwar schon um den Ersten Advent, aber die Frage erwischte uns diesmal auf dem falschen Fuß. Wir waren vier

Geschwister, zwei Jungen und zwei Mädchen, und lebten dank der Einkünfte unseres Vaters als erfolgreicher Rechtsanwalt nicht über unsere Verhältnisse, aber die waren durchaus gut. – Weihnachtswünsche waren eine heikle Angelegenheit. Jedes Jahr wurde es schwieriger, solche zu haben. Die Kinderzimmer waren rappelvoll. In den Regalen stapelten sich die Spiele, Puzzles, Bilderbücher. In allen Ecken kuschelten Kuscheltiere. Wenn meine Schwester Katja ihr Konsumverhalten trainieren wollte, konnte sie einen gewaltigen Kaufladen bestücken und uns Hunderte bunter Artikel aufdrängen. Wenn meine Schwester Olivia frühe Muttergefühle hatte, standen vier, fünf Puppen bereit, eine niedlicher als die andere mit blauschwarzem Bubikopf oder lockigem Goldhaar, klimperndem Augenaufschlag und quäkender »Mama«-Stimme. Mehrere tranken brav ihr Fläschchen und konnten auf Knopfdruck in die Windeln machen. Svenja, die Superpuppe, wackelte freihändig durch die Gegend bis sie, leicht spastisch, vor den Schrank lief oder ohne abzubremsen vor einer Wand landete, durch die sie unbedingt wollte. – Wenn mir männlich zumute war, hatte ich die Wahl zwischen elektrischer Eisen- oder Carrerabahn, Chemie-, Physik- oder Umweltexperimentierkasten, Computerspielen und Spielcomputern, konnte mich in Orgien aus Legosteinen, Fischertechnik und Playmobil stürzen, die Anlage aufdrehen oder eine Runde trommeln, so daß ringsum die Mietpreise sanken. Irgendwo im Keller oder auf dem Dachspeicher mußten noch ganze Stapel Lernspielzeug und »Was-ist-was«-Bücher liegen. Einige waren noch gar nicht ausgepackt.

Was also wünschen? Wo gab es Lücken? Welche Möglichkeit hatte man bisher übersehen, oder was war in diesem Jahr die angesagteste Neuigkeit? Längst kannten wir die leise Verzweiflung im Blick unserer Eltern, Onkel und Tanten, wenn sie uns nach unseren Wünschen fragten, heimlich, damit die anderen nicht auf die gleiche Idee kamen. Weihnachtswünsche waren ein Problem. Sie wollten wohlüberlegt sein.

»Habt ihr nicht gehört?« fragte Oma Gillmann. »Was wünscht ihr euch zu Weihnachten?«

»Oooch, na ja, vielleicht …« Wir sahen ratlos auf unsere Hände oder blickten uns hilfesuchend an. Nur der dreijährige Andy popelte lustvoll in der Nase, ohne dabei seinen völlig mazerierten Strickhasen aus den Armen zu lassen.

Oma Gillmann sah von einem zum anderen. »Dann habe ich eine tolle Idee«, sagte sie, legte aber sogleich einen Finger auf den Mund und machte riesige Augen. »Ihr dürft nichts verraten. Könnt ihr das?«

Wir konnten. Eine tolle Idee? Ein Geheimnis? Das machte uns schlagartig wach. Eifrig nickten wir, und Andy vergaß, daß sein Finger noch in der Nase steckte.

Oma Gillmann schlich mit uns in den Keller. Sorgfältig schloß sie die Tür, nicht ohne noch einmal ins Treppenhaus gelauscht zu haben. Es war still. Wir waren mit ihr allein. Wir setzten uns im Kreis auf den Boden. Sie zündete einen Kerzenstummel an, den sie – weiß Gott, wieso – in der Tasche hatte und leuchtete in jedes unserer flackernden Gesichter. Dann ergriff sie das Wort.

Wenig später machten wir riesig große Augen. Was sie uns vorschlug, war nicht nur ungewöhnlich. Es war sensationell. Wir waren begeistert. Wir wurden zur verschworenen Gemeinschaft. Und was das Schönste war: Weihnachten erschien uns plötzlich wieder wie neu. Wir zählten die Tage und Nächte und konnten es kaum erwarten. Quälend langsam öffneten sich die Türchen des Adventskalenders. Aber dann war es da, das Fest der Liebe, des Teilens und des Friedens.

Oma Gillmann kam wie immer mit ihrer großen Tasche, aber diesmal war sie leer. Mutter runzelte die Stirn. Wir interessierten uns kaum für die vielen Päckchen unter dem Weihnachtsbaum. Das war mehr als merkwürdig. Den ganzen Abend spielten wir friedlich mit Oma Gillmann »Mensch ärgere Dich nicht«. Das war besorgniserregend. – Als sie sich Stunden später verabschiedete, war ihre Tasche gefüllt, und ein stilles Leuchten lag auf ihrem Gesicht. Mutter stellte sie zur Rede.

»Was ist los?« fragte sie.

»Ooooch, nichts Besonderes«, sagte die herbe Bergmannsfrau. »Mach dir keine Sorgen! Es ist alles in Ordnung.«

Es war wunderbar. Jahr für Jahr zum Ersten Advent kam Oma Gillmann und brachte uns ihren Wunschzettel. Schon Monate vorher waren wir gespannt, was darauf stehen würde. Wir schlossen Wetten ab, machten ihr verstohlene Vorschläge. Zwei Jahre noch trennte sich Andy während dieser Zeit keinen Augenblick von seinem Strickhasen, der so schön nach ihm selber roch und den er zum Einschlafen nötiger brauchte als sein Bett. – Jahr für Jahr verschwand dies und jenes aus unseren Kinderzimmern. Die Regale wurden übersichtlich. Die Kuscheltiere und Puppen gingen auf große Reise, wie uns Oma Gillmann erzählte, in geheimnisvolle Länder, wo die Kinder zu Weihnachten fast nichts bekamen. Und Jahr für Jahr erlebten wir ein wunderschönes Fest mit dem ganzen Zauber des Wartens, des Wünschens und der Vergänglichkeit.

Noch heute komme ich oft von weit her in unser Städtchen. Die Eltern sind da, und wir erzählen von den alten Zeiten. Und nie versäume ich einen Besuch auf dem kleinen Friedhof hinter der Kirche. Ich nicke ihr zu, der herben Bergmannswitwe, und wieder einmal können mir alle Kaufräusche der Welt gestohlen bleiben. Oma Gillmann hat uns gelehrt, welch wunderbares Geschenk die Dinge sind, die wir nicht brauchen.

Die Hirten von Bethlehem

Sie rochen sehr nach den Schafen,
bei denen sie draußen schlafen.
Dort war es kalt, und sie waren arm.
Schafe sind wenigstens warm.

Ein Licht hatte plötzlich geschienen,
eine Stimme sprach leise zu ihnen.
Sie konnten sie gut verstehn.
Sie sollten nach Bethlehem gehn.

Das war nicht weit und nicht schwer.
Sie zögerten auch nicht sehr
und gingen ganz einfach los.
Der Sternenhimmel war groß.

Und einer stand leuchtend im All,
gerade über dem Stall.
So konnte jedermann sehn:
Dort war wohl ein Wunder geschehn.

Vielleicht war ein Gott erschienen,
damit ihm die Leute dienen
und ihm mit Beten und Singen
Gaben und Opfer bringen.

Vielleicht zwangen Priester, Lakaien
und Diener mit höheren Weihen
so einfache Leute wie sie
mit drohender Macht auf die Knie.

Vielleicht war's ein Gott nur der Denker,
ein Richter und Schlachtenlenker,
mit Blitzen und Donner und Wind,
wie Götter nun einmal so sind.

Das machte sie sehr beklommen.
Sie haben ein Herz sich genommen
und traten behutsam ein.
Der Stern schien durchs Dach herein.

Doch nur eine Frau und ein Mann
sahen verwundert sie an.
Im Stroh lag auch noch ein Kind
und hinten ein Esel und Rind.

Die Frau hatte in dieser Nacht
das Kind wohl zur Welt gebracht.
Es schlief und war winzig klein.
Sie dachten: Und das soll's nun sein?

Das war doch der Lauf der Natur.
Von Gott war da keine Spur.
Sie schenkten dem Kind ein paar Sachen,
um ihm eine Freude zu machen

und musizierten auch fein
mit ihren verstimmten Schalmein
und sangen ein Lied noch am Ende.
Das Kind patschte froh in die Hände.

Dann gingen sie heim auf ihr Feld,
und es war noch dieselbe Welt,
doch sie waren irgendwie froh
und wußten gar nicht, wieso.

Der Ochs von Bethlehem
oder: Sternstunde einer Randfigur

Als damals in der Heiligen Nacht
Gott seinen Sohn zur Welt gebracht,
mit Engelsang und Kindsgeschrei,
mit Hirtenflöte und Schalmei,
da war der Ochse auch dabei
und hat dem heiligen Geschehn
nicht ohne Rührung zugesehn …

Nun ist die Nacht schon fast vorbei.
Die Engel haben ausgesungen,
der Schritt der Hirten ist verklungen.
Längst schläft das Kind in tiefer Ruh.
Maria deckt es sorgsam zu,
legt müde selbst die Hand ans Kinn,
auch Josef schnarcht schon vor sich hin.
Der Wind weht leise um den Stall,
hoch oben steht der Stern im All,
und nur der Ochse ist noch wach,
denkt über alles gründlich nach.
Jedoch wie sehr er sinnt und denkt
und tief sich in sich selbst versenkt,
vergeblich: Hinter seiner Stirn
ist leider nur ein Ochsenhirn,
das sich in kleinsten Kreisen dreht
und nur das Nötigste versteht.
So resigniert er auch schon bald
und seufzt: »Nun ja, so ist das halt.«

Da meint er, daß im Krippenbette
das kleine Kind gelächelt hätte,
und plötzlich wird ihm wie noch nie,
ganz warm und leicht, er weiß nicht, wie.
Aus der Gedanken dunklen Streifen
steigt ein gewaltiges Begreifen.
Ganz plötzlich ist ihm alles klar,
in voller Schärfe offenbar,
daß hier und jetzt mit diesem Kind
ein völlig neuer Weg beginnt.
Wenn Gott so tief herniedersteigt
und sich als Kind den Menschen zeigt,
wenn er sich in die Schöpfung stellt
als Kind, vertrauensvoll und klein,
um ihr so innig nah zu sein,
wie wundergroß ist dann die Welt!
Dann gilt nicht mehr für alle Zeit
die irdische Gerechtigkeit.
Vorbei das kleinlich böse Zählen,
vorbei das Rechnen, Wiegen, Wählen.
Ob eine Meile oder zwei,
das ist in Zukunft einerlei.
Ob alt, ob jung, ob groß, ob klein,
wird künftig nicht mehr wichtig sein.
Ob krank, ob fit, ob Frau, ob Mann,
auch darauf kommt es nicht mehr an.
Ob schwarz die Haut, rot oder bunt,
da sagt man künftig nur: »Na und?«
Die vielen kleinen Unterschiede
versinken tief in Gottes Liebe.
Vielleicht wird man in fernen Tagen

nicht einmal mehr die Ochsen schlagen.
Will einer nur ein Bündel Stroh,
so gibt man ihm von Herzen froh
ein zweites unbesehn dazu.
Das Ich vollendet sich im Du.
Man kann sogar mit sehr viel Üben
am Ende seine Feinde lieben,
und nimmt es einer ganz genau,
liebt er sogar die eigne Frau.
Und selig sind die geistig Armen,
und wirklich groß ist nur Erbarmen.
Und selig, die Verfolgung leiden,
und selig, die die Nackten kleiden
und die bei Einsamen verweilen,
die Kranken pflegen oder heilen,
mit Hungernden die Brote teilen,
mit Vorsicht auf der Erde wandeln,
mit Sorgfalt planen, zögernd handeln,
damit die Lebenskraft der Erde
durch Raubbau nicht verkümmert werde.
Der Globus, wo wir alle wohnen,
den wird man lieben, pflegen, schonen
und wird sich stets und standhaft weigern,
ihn an den Reichsten zu versteigern.
Und selig sind, die ohne Waffen
mit Mut und Umsicht Frieden schaffen,
die weit und klug nach vorne schauen,
den Knoten lösen, nicht zerhauen,
auf Glanz und rasche Tat verzichten,
statt dessen Kampf und Feindschaft schlichten,
mit Phantasie, Geduld und Mut,

nicht immer schnell, doch dafür gut.
Sie werden bei den Schwachen stehen,
weil sie in ihnen Brüder sehen.
Sie zeigen auch dem starken Mann,
wie er den Schwachen helfen kann.
Sie laden ihn ganz einfach ein,
mit ihnen nichts als Mensch zu sein.
Man wird sogar den Reichen wecken,
lockt ihn aus Schlössern und Verstecken,
erklärt ihm, bis er es kapiert,
daß er durch Schenken nichts verliert,
sogar sich einen Schatz erwirbt,
der ständig wächst und nie verdirbt,
denn sinnlos ist die Macht der Welt,
weil letztlich nur die Liebe zählt.

Der Ochse hält den Atem an.
Sein Geist bricht auf wie ein Vulkan.
Er spürt das Blut mit Sturmesbrausen
durch alle seine Adern sausen.
Es reißt ihn fort in neue Zonen
mit unerhörten Visionen.

Und Lahme werden wieder gehen,
und Blinde werden wieder sehen.
Und wer sich schon am Ende glaubt,
weil ihm das Leben viel geraubt,
wer sich im Elend niederbückt,
weil Qual und Schuld ihn schwer bedrückt,
der darf sich völlig neu besinnen
und immer wieder neu beginnen.

Und niemand muß schon hier auf Erden
mit allen Träumen fertig werden.
Und sorgt Euch nicht um Gut und Geld!
Seid wie die Lilie auf dem Feld
und wie des Himmels Vögel sind
und werdet wieder wie ein Kind!
Und Angst und Not, sie sind nicht mehr,
sogar der Tod wiegt nicht mehr schwer.
Und welche Anarchie der Herzen!
Und welche Leichtigkeit der Schmerzen!
Von Mund zu Mund, von Hand zu Hand
von Dorf zu Stadt, von Land zu Land
wird sich das neue Licht verbreiten
und Herz und Geist und Seele weiten.
Und aus der Zeiten langem Lauf
wächst sacht das Gottesreich herauf.

Und wo auch immer in der Welt
das Wort auf guten Boden fällt,
dort fangen Wunden an zu heilen,
dort fangen Menschen an zu teilen
und reißen alte Mauern ein
und sagen, wo es nottut »Nein!«
und sagen, wo es nottut »Ja!«
und sind stets füreinander da.
Und kommen Fremde dort in Not,
und ist das Menschenrecht bedroht,
so machen sie sogar mobil
in Sachen Flüchtling und Asyl.
Katholisch oder EKD?
(Konfessionelles Frikassee!)

Geschwisterlich will man auf Erden
und einst dort oben selig werden.
Ob Messe oder Abendmahl,
der Weg ist relativ egal.
Gemeinsam wird man demonstrieren
und die Behörden drangsalieren,
gemeinsam wird man musizieren
und beten oder meditieren,
gemeinsam leere Mäuler stopfen,
den Mächt'gen auf die Finger klopfen,
egal, ob in Berlin, in Rom,
in Bank, Kaserne oder Dom.
Und was getrennt der Väter Sünden,
die Enkel werden's wieder binden.
Sogar der Papst, kommt Rat, kommt Zeit,
wird eines Tags in jenem Land
von allen wieder anerkannt.
Geteiltes Leid ist halbes Leid …

Hier aber, glaubt es oder nicht,
hier endet jäh sein Traumgesicht.
Der Ochse schaut sich bebend, stumm,
im nächtlich kalten Stalle um.
Und da wird ihm noch etwas klar:
Wo Gnade ist, ist auch Gefahr.
Er weiß ja, wie es immer war:
Daß alle Mächtigen der Erden
dies Kind mit Haß verfolgen werden.
Hätt' es mit Ochsen nur zu tun,
es könnte ganz in Frieden ruhn,
doch so wird über seinem Leben
ein furchtbares Verhängnis schweben.

Doch ahnt er, daß Gewalt und List
am Ende nicht das Ende ist,
daß Gottes Liebe jede Nacht,
zuletzt um Längen überragt.
Warum, wieso – ist ihm nicht klar.
Er weiß nur: Es ist wunderbar.
Er steht im Ewigkeitenwind
vor diesem rätselvollen Kind,
von heißer Sehnsucht ganz beklommen,
doch von Gewißheit wie benommen.
Er steht und staunt zutiefst erregt,
und von des Geistes Macht bewegt
will er nun allen, die da leben,
von dieser Botschaft Zeugnis geben.
Tief holt er Luft und hebt das Haupt
und hofft und liebt und glaubt und glaubt
und faßt die visionären Flammen
in einem einz'gen Wort zusammen
und ruft ein geistbeseeltes – »Muuuh!«

Doch leider hörte niemand zu …

Das erste Krippenspiel

1223. Auf Umbriens Bergen lag tiefer Schnee.
Da hatte Franziskus eine Idee.
Weihnachten stand nämlich vor der Tür,
und Gott wollte Mensch werden jetzt und hier.
Das sollte wie überall auf Erden
auch hier schön festlich begangen werden.
Schon bald sah man ihn und die Brüder wandern
von einem Bauernhof zum andern.
Es waren ärmliche Bretterhütten,
doch mußten sie niemanden lange bitten.
Sie luden jedermann herzlich ein,
in der Weihnachtsnacht zusammenzusein.
Hoch im Gebirge sei eine Stelle,
nichts weiter als eine einfache Höhle,
aber der Wind blase dort nicht hinein.
Man könne es sich mit ganz einfachen Sachen
drinnen richtig gemütlich machen.
»Kommt, wie ihr seid und ganz spontan.
Jeder bringt mit, was er hat oder kann«.

Das Leben war hart, denn der Speicher war leer,
Steuern und Hunger drückten sie sehr.
Es war eine dunkle und schwere Zeit,
doch für ein Fest war man gerne bereit.
Und so sah man zur verabredeten Stunde
von überall her in der weiten Runde
schwarze Gestalten auf schmalem Steg.
Sie fanden im Schnee nur mühsam den Weg,
doch die Sterne standen in funkelnder Pracht

über der jetzt schon fast heiligen Nacht.
Sie fanden die Höhle und traten ein,
und niemand von ihnen war mehr allein.
Einer kam mit dem Esel, ein andrer mit Rind,
eine junge Frau brachte ihr Wickelkind.
Sie legte es in ein Bündel Stroh,
und alle waren richtig von Herzen froh.
Draußen heulte der Winterwind,
drinnen weinte einmal das Kind,
da gab seine Mutter ihm mit Lust
die Milch ihrer weißen und warmen Brust.

Der heilige Franz saß mitten dabei
und sagte, daß es genauso sei
wie in der ersten heiligen Nacht,
als Gott seinen Sohn in die Welt gebracht.
Da fühlten sich alle ganz hell und neu.

Die Frau lachte: »Wenn dies die Hirten sind,
dann bin ich ja wohl die Maria mit Kind.«
Ihr Mann hob ein Licht und fiel gleich ein:
»Schaut her! Ich muß dann wohl Josef sein.
Fehlen nur noch die Engel hier.«
Franz sah in die Runde: »Die Engel seid ihr!«
Da ging mit dem flackernden Lampenlicht
ein heimliches Leuchten über jedes Gesicht.
Einer begann ein einfaches Lied,
bald sangen es alle leise mit.
Dann packten sie Brot und Käse aus,
auch Milch und sogar etwas sauren Wein.
Den schenkten sie ringsum jedem ein,
und das Ganze wurde ein fröhlicher Schmaus
mit Singen und Tanzen und Phantasie.
Die Kinder standen und staunten wie nie.
Für Stunden hatten sie keine Sorgen.
Sie waren in Gottes Händen geborgen.
Um Mitternacht gingen sie wieder nach Haus,
in den Tälern gingen die Lichter aus.

Der heilige Franz und seine Brüder
blieben zurück und legten sich nieder.
Bald schliefen und schnarchten sie um die Wette,
als ob sich gar nichts ereignet hätte,
doch war es, als wenn in schwebendem Flug
die Erde sie sanft durch das Weltall trug.

Franziskus

Er war eigentlich nur in die Menschen verliebt,
wie es so was zuweilen, doch selten nur gibt.
Als der Herrgott ihn schuf, hat er leise gelacht
und sich ganz was Besonderes ausgedacht.

Gab ihm offene Sinne, ein fröhliches Herz,
gab ihm Mut und Geduld auch in Not oder Schmerz,
gab ihm Freude am Kleinen in Wald oder Feld,
und so zog er hinaus in den Garten der Welt.

Sprach mit Bettlern am Weg, ward mit Sündern gesehn,
und so war es schon bald um sein Ansehn geschehn.
Er umarmte das Leben und nahm nichts dafür
und sprach lachend zur Welt: »Komm und tanze mit mir!«

Und die Armut, sie wurde sogar seine Braut.
Als der Papst das erfuhr, war er gar nicht erbaut,
und er sagte in Rom ihm direkt ins Gesicht:
»So wie Jesus zu leben, das geht doch nicht!«

Andre kamen schon bald und von sehr weit her,
und sie schauten ihm zu und sie taten wie er,
und ein Frühlingswind zog durch das trockene Land
und sie säten und pflanzten mit offener Hand.

Er sang »Laudato si« und er predigte gern
von der Schönheit der Welt und der Liebe des Herrn.
Er erzählte sogar noch den Vögeln davon.
Diese hörten ihm zu, doch sie wußten es schon.

Eines Tages sprach Gott: »So, nun ist es genug.«
Gab ihm Flügel und buchte für ihn einen Flug.
Doch zurück blieb ein Traum und verdunkelte nicht,
war bei Tage ein Schatten, bei Nacht ein Licht.

Das ist lange schon her, und ihr fragt euch nun:
Was hat denn dieser Mensch mit uns heut noch zu tun?
Ob es wirklich vorbei, nun, ich sag es sogleich:
Das liegt sicher an mir, doch es liegt auch an Euch.

Die Sache mit der Milch

Es waren böse Zeiten. Der Krieg machte an einem Tag mehr Elend, als man in hundert Jahren heilen konnte. Zwar reichte der Kanonendonner nicht bis hierher in die abgelegenen Winkel des Bregenzerwaldes, und der Schnee war unschuldig weiß wie in allen Wintern zuvor, aber Haß und Wut schäumten die Völker auf und trieben fremde Gesichter und Zungen wie Strandgut in die entlegensten Täler. Die meisten gingen vorüber. Manche aber fanden für ein paar Tage oder Wochen einen Unterschlupf, vielleicht in einem Heustadel droben auf der Kanisfluh oder unten an der Ache in einer halbverfallenen Hütte, wo man die Ritzen zwischen den Balken erst mit Heu stopfen mußte, denn der scharfe Wind war nicht willkommen.

Auch die Fremden waren nicht willkommen. Gesindel schlich umher und machte das Land unsicher. Auf Schröcken zu war ein Heustadel abgebrannt, einer Frau im benachbarten Mellau fehlte plötzlich das Strickzeug, das sie auf die Hausbank gestellt hatte, und als sich das Gerücht verbreitete, oben am Diedamskopf habe man einen Wanderer erschlagen, verhärteten sich die Gesichter der Bauern, und sie verschlossen ihre Türen. Scharfe Hunde bewachten jetzt Haus und Stall. Fremde, die vielleicht nur nach dem Weg fragten, stießen auf mißtrauische Blicke und wurden mit kurzer Rede abgefertigt. Die Eltern besprachen die Schrecknisse der Zeit nur mit gedämpfter Stimme, aber abends, wenn die Kinder schon ihr Nachtgebet gesprochen hatten, lagen sie mit offenen Augen in der Dunkelheit und lauschten, denn der Vater ging noch einmal ums Haus, prüfte Schloß und Riegel und nagelte vielleicht ein Brett, das sich im Herbststurm gelockert hatte.

Es war in dieser bösen Zeit, als der junge Wiesenbauer von Schoppernau morgens im Stall feststellte, daß immer eine Kuh schon gemolken war. Lange rätselte er, wie sich das zutrug. Dann versteckte er sich eines Nachts, um dem Dieb auf die Spur zu kommen. Als er über die Stiege zurückkehrte, standen dort seine beiden Kinder in ihren Nachthemden und sahen ihm mit großen Augen entgegen.

»Es ist nichts«, sagte er und schloß die Flinte in den Schrank. »Geht schlafen! – Oder wollt ihr euch einen Schnupfen holen?«

Und der Krieg ging zu Ende. Zwei Atombomben fielen auf die Städte Hiroshima und Nagasaki. In Berlin und Tokio wurde die Kapitulation unterschrieben. Die UNO sollte ein für alle Mal den Frieden unter den Völkern sichern. Aber die Welt war geteilt, und Eiserne Vorhänge wuchsen aus dem Boden. Die Berlinblockade begann und ging vorüber. Die Trümmer des Krieges verschwanden. Die Völker Europas rückten zusammen. In Berlin wurde die Mauer gebaut. Die Kubakrise brachte die Welt an den Rand des Abgrunds. Die Kolonialvölker errangen ihre scheinbare Unabhängigkeit. Neil Armstrong betrat als erster Mensch den Mond. Der Welthandel blühte, die Reichen wurden reicher, die Armen ärmer. Die Mauer fiel, aber auf dem Balkan, in Afrika und Asien war Mord und Totschlag. Erdbeben und Flutwellen töteten Hundert-

tausende, und die Raumsonde »Voyager« erreichte den äußeren Rand des Sonnensystems.

An einem späten Sommertag saß nun der alte Wiesenbauer mit seinem Enkel, dem kleinen Alois, vor dem Haus auf der Holzbank, und sie schauten ins Tal, wo die Abendsonne die Dächer des Dorfes vergoldete. Die Fliegen waren träge und die Hühner satt. Sie scharrten nur noch, weil es ihre Art war. Drüben über dem Tannenwald, der das Dorf vor den Lawinen schützte, kreiste der Bussard.

Da kam ein Mann den Hügel herauf und mühte sich mit einer Milchkanne. Ungeschickt stellte er sich an, hielt zuweilen inne und wischte sich den Schweiß von der Stirn. Dann nahm er seine Last wieder auf, und jetzt erkannte man ihn. Es war der Franz Breuer, der – wie man im Dorf sagte – einen »bescheidenen Kopf« hatte und im alten Schulhaus an der Ache mit seiner kinderreichen Familie ein stilles Leben führte. Er kam heran. Mit dem Knie öffnete er die Zauntür, schleppte die Kanne noch ein paar Schritte. Dann setzte er sie ab, rang nach Luft und faßte den alten Wiesenbauern ins Auge.

»Ich bringe die Milch, Erich«, sagte er und nahm den Hut vom Kopf.

»Welche Milch? – Wir haben Milch genug.«

»Ihr habt nicht genug. Diese hier fehlt. – Ich hab sie dir gestohlen, damals, in der schweren Zeit. In deinen Stall bin ich eingeschlichen und habe eine Kuh gemolken, einige Wochen lang, jeden Tag. Du hast es nicht gemerkt. Es war die Bertha oder die Amalie.«

»Soso«, sagte der Alte und hüllte sich für einen Moment in den Qualm seiner Pfeife, »das war eine böse Tat. – Ich hätte dir die Milch gegeben. Warum hast du nicht gefragt?«

Der Mann hob unsicher die Schultern. »Du weißt, der Krieg. Die Frau war krank und die Kinder waren mager und blaß. Sie brauchten einen Schluck Milch zur Tagessuppe. Und die Bauern waren hart. Ich hatte Sorge, du würdest mich abweisen. Du hättest dir dein Leben lang Vorwürfe gemacht.«

»Ach! – Ich hätte – mir …«

»Das kann leicht passieren. Ich wollte dafür nicht der Anlaß sein.«

Beide schwiegen eine Weile.

»Aber jetzt war ich der Dieb«, sagte der Franz. »Es ging mir nicht aus dem Kopf, all die Jahre. Bei jedem Glas Milch, das ich trinken wollte, fiel mir die Geschichte wieder ein.«

»Und du wolltest nicht, daß die Geschichte mir im Kopf gesteckt hätte, all die Jahre, ich meine, wenn ich dich abgewiesen hätte.«

»So ist es«, nickte der Franz.

»Ja, das ist ein vertrackter Fall«, sagte der Alte, »aber willst du dich nicht setzen? – Alois, rück beiseite!« Der Franz schüttelte den Kopf.

»Ich kann mich nicht neben dich setzen, solange die Sache nicht in Ordnung ist. Und ich glaube, ich kann auch nie wieder ein Glas Milch trinken.«

»Tja«, sagte der Großvater, »es ist einem nicht leicht ums Herz, nach einer solchen Tat. – Aber, Alois, geh in die Stube und hol die Flasche mit der Enzianblüte vorn drauf! Bring auch zwei kleine Gläser mit. – Einen Willkommensschluck wirst du nicht verschmähen.«

»Ich danke dir für das Angebot«, sagte der Franz, »aber ich kann es nicht annehmen, solange ...«

»Solange die Sache nicht in Ordnung ist«, vollendete der Großvater. »Nun ja, wie du meinst. – Aber da muß ich gründlich nachdenken. Vielleicht setzt du dich dort auf den Hauklotz. Und den Hut mußt du auch nicht in der

Hand halten. Es wird kühl, und du bist verschwitzt. Setz dich und sei fröhlich!«

Der Mann gehorchte, aber er legte den Hut neben sich auf die Erde und saß aufrecht und steif wie ein Schüler im Examen.

»Ein schöner Spätsommer«, sagte der Großvater, »einen so schönen hatten wir lange nicht. Man kann sich noch einmal richtig durchwärmen lassen, vor dem Winter.«

»Ja«, sagte der Dieb, »das ist wirklich ein Wetter.«

»Auch das Heu ist gut in diesem Jahr. – Es gab lange nicht mehr soviel Heu. Wir werden gut durch den Winter kommen. Die Kühe mögen es und geben viel Milch.«

»Ja, herrliches Heu in diesem Jahr«, sagte der Dieb.

Auf ein Zeichen des Großvaters lief Alois nun doch ins Haus, fand die Flasche mit der Enzianblüte und brachte zwei kleine Gläser. Der Großvater schenkte ein. »Bring das Glas unserem Gast. Von dir wird er es annehmen.«

Der Bub gehorchte, und der Dieb nahm das Glas vorsichtig mit den Fingerspitzen, um nichts zu verschütten.

»Auf die Bertha – oder die Amalie, Gott hab' sie selig«, sagte der Großvater, hob das Glas und tat einen Schluck. Der Dieb wartete, bis er getrunken hatte. Dann nippte er an seinem Glas und leerte es ebenfalls. Beide betrachteten die Milchkanne, das Diebesgut, das da geheimnisvoll auf dem Weg stand und in der Abendsonne leuchtete. Das Tal lag nun schon tief im Schatten des Diedamskopfes.

»Ja dann«, sagte der Franz, nahm seinen Hut vom Boden und erhob sich. Auch der Wiesenbauer stand auf und begleitete ihn zum Törchen am Zaun. Hier blieb der Dieb noch einmal stehen und blickte auf seine Hände, die den Hut unentwegt drehten.

»Willst du mir noch etwas sagen, bevor ich gehe?«
fragte er.

»Nein«, sagte der Großvater. »Wir stehen alle in
Gottes Hand. Aber – das sollst du noch wissen: Es war die
Amalie. Und das Schlupfloch hinter dem Holzschober,
die Stelle mit dem losen Brett, zweimal mußte ich sie wie-
der öffnen, nachdem sie der Knecht zugenagelt hatte.«

Der Franz machte plötzlich große Augen, und ganz
langsam erschien ein Lächeln auf seinem Gesicht. Er nick-
te, spitzte die Lippen und begann, ein Liedchen zu pfeifen.

»Nimm die Kanne wieder mit. Wir haben Milch genug.
Und daß mir all die Jahre keine böse Geschichte im Kopf
steckte, das ist mir ein paar Liter wert.«

Der andere nickte. Dann schulterte er die Kanne und
ging seinen Weg zurück. Man sah es an seinen Schritten:
Bergab ging es leichter.

Drei Könige und ein Kardinal

Drei Könige aus Morgenland
durch Felsgebirg' und Wüstensand.
Sie kamen über Pfad und Steg,
ein Stern wies ihnen ihren Weg,
und auch ein Traum, daß wunderbar
Gott in die Welt geboren war,
gewiß als König, das war klar.
Da stand der Stern mit einem Mal
hoch über einem kleinen Stall,
nicht über Tempel oder Schloß,
und nirgends Diener, Heer und Troß,
nur Hirten standen scheu umher.
Sie sahn sich an und staunten sehr.

Doch langsam wurde ihnen klar:
Wenn hier ein Gott geboren war,
dann war er allen Menschen nah.
Dann wollte er nach allen Seiten
die alten Grenzen überschreiten.
Dann waren sie aus allen Zonen,
Kulturen oder Religionen
mit Freiheit, Lust und reichen Gnaden
zu seinem Festmahl eingeladen.
Dann galt nicht mehr Gewalt und Stärke,
nicht Tradition und Regelwerke,
nicht Klugheit, Alter, Macht und Geld,
weil dann nur noch die Liebe zählt.
Voll Freude wollten sie hinein,
um diesem Kind ganz nah zu sein.

Doch da stand plötzlich vor dem Stall
ein aufgetürmter Kardinal
mit Mitra, purpurnem Gewand,
mit goldnem Ring und in der Hand
den schweren, prächt'gen Hirtenstab.
Die Hirten hatten nicht geahnt,
daß es solch Hirtenstäbe gab.
Der Kardinal rief wütend: »Nein,
hier kommt kein fremdes Volk herein.
Auch nicht die Guten oder Frommen,
nur Katholiken sind willkommen,
weil unser Gott, damit ihr's wißt,
genau wie ich katholisch ist.
So hat es sich nun mal begeben.
Und fragt ihr euch nach dem Beweis,
und woher ich das alles weiß?
Verdammt noch mal, ich weiß es eben.«

Die Kön'ge waren sehr schockiert,
und einer wies ins Firmament
als stünde dort ein Argument.
»Der Stern hat uns hierher geführt.«

»Das hat hier gar nichts zu bedeuten.
Egal, wie das der Himmel sieht,
nur ich bestimme, was geschieht.
Haut ab und sagt es allen Leuten!«

Schon wollten sie die Reise enden
und sich mit Kummer heimwärts wenden,
da kam den frommen Kirchenmann
ein schwacher Hauch von Mitleid an.
Er sprach: »Mir fällt noch etwas ein.
Ich will ja auch kein Unmensch sein.
Man kann das ganze Phänomen
ja auch noch als Folklore sehn.
Mit Tannenbäumchen, Esel, Rind,
Maria, Josef und dem Kind,
mit Hirten, Engeln, Feuersglut,
da machen sich drei Kön'ge gut.
Wenn also ihr darauf besteht,
ein Krippenspiel gerad' noch geht.

Doch daß wir uns hier recht verstehen:
Ich will euch nicht beim Beten sehen.
Für jemand, der nicht richtig glaubt,
ist keinerlei Gebet erlaubt.
Man darf den Himmel nicht blockieren
und muß hier unten schon sortieren.

Ich warne, alles zu vermischen,
und laßt euch nicht von mir erwischen!
So ist es jetzt und immerdar,
denn hier herrscht Ordnung. Ist das klar?«
So ging, dank dieses Bischofs Mut,
die Sache damals noch mal gut.

Und in der Nacht, man glaubt es kaum,
da hatte er noch einen Traum,
daß er in goldenem Gefäße
der Kön'ge Schädel einst besäße
und nicht etwa im fernen Rom,
o nein, direkt im Kölner Dom.
Sie stünden gleich beim Hauptaltare
und lockten große Pilgerscharen
und würden heiß und unbeschwert
und ganz katholisch hoch verehrt,
und jedes Kind schon würd' sie kennen,
sie »Heil'ge« Drei Könige nennen.

Sie würden an den Türen singen
und jedem Haus den Segen bringen,
und gehn an keiner Tür vorbei.
Ein goldner Stern ist auch dabei.
Und niemand müßte überwachen,
daß sie noch einmal Fehler machen.
Das ist dann nämlich nicht vonnöten,
denn Schädel können nicht mehr beten.

(Die Ballade entstand im Zorn, als der Kölner Kardinal Meisner den
katholischen Schülern seiner Diözese verboten hatte, mit evangeli-
schen und muslimischen Mitschülern ein Neujahrsgebet zu sprechen.)

Das Gold von Bethlehem

Als damals die bekannten Weisen
entschieden, mit des Kindes Segen
auf krummen und geheimen Wegen
in ihre Länder heimzureisen,
denn ihre Sehnsucht war gestillt,
der Sinn des Sternes war erfüllt,
da sagte Josef: »Diese Gaben,
die sie uns hinterlassen haben,
sind irgendwie zwar gut und schön,
doch auch ein ziemliches Problem.
Maria, sag, was soll geschehn?«
Sie lächelte in heitrer Ruh:
»Ich hab' mich um das Kind zu härmen.
Ich muß es säugen, muß es wärmen.
Du bist der Hausherr, sieh du zu!«

Er grübelte die ganze Nacht,
was man mit solchen Schätzen macht.
»Die Myrrhe wäre sicher gut
für ein Bestattungsinstitut.
Den Weihrauch könnte man dann schon
dem Tempel in der Stadt servieren.
Die Priester würden sich nicht zieren.
Die kriegen nie genug davon.
Bleibt noch das Gold.« – Und er erschrak
vor diesem riesigen Betrag.
Statt Glück empfand er eher Pein
und fragte sich: »Was soll geschehen?
»Wir sind«, mußt' er sich eingestehen,

»recht ungeübt, so reich zu sein.«
So fiel ihm auch nur dieses ein:
»Ich will daheim ein Kästchen bauen
und ihm den Reichtum anvertrauen.«
Und ließ schon die Gedanken schweifen,
und sah sich sägen, hobeln, schleifen.
Er roch den Duft von Leim und Holz
und war schon jetzt ein wenig stolz,
wenn alles dann nach Müh und Last
sich fügt und gut zusammenpaßt.
»Wie schön, schon bald daheim zu sein!«
Und fast zufrieden schlief er ein.
Er wachte auf am neuen Morgen,
nur leider mit den alten Sorgen,
denn ungefiltert ward ihm klar:
Das Gold, es lag noch immer da.

Da! – Wie gerufen kam ein Mann,
der so was weiß und so was kann.
Er sei, sprach er, wie schon sein Vater
in Bethlehem Finanzberater.
Mit Geld und Gut, mit Hof und Haus
da kenne er sich bestens aus.
Bei mir, sprach er, wird jede Miete
zur mündelsicheren Rendite.
Wenn man sein Kapital und Geld
und alles, was man angespart,
nicht ängstlich nur im Strumpf verwahrt,
statt dessen wie's dem Markt gefällt
schön hochverzinslich wirken läßt,
ist jeder Börsenschluß ein Fest.

Er sei ein Meister der Prozente,
der Wertpapiere und der Rente,
Sein Riecher hätte, ungelogen,
ihn bisher auch noch nie getrogen.
So würde er ganz selbstlos raten,
das Gold zum Teil in Wertpapieren
und dann den Rest in Derivaten
zu wechseln und zu investieren,
vor allem kühn zu spekulieren.
Das wisse schließlich jedes Kind:
Nur wer viel wagt, der viel gewinnt.
Er sei dafür der rechte Mann
und hätte auch schon einen Plan
und hätte dafür ausgesucht
das neueste Finanzprodukt,
von Lehman Brothers schlau entwickelt,
gebündelt oder auch gestückelt,
so genialisch konzipiert,
geheimnisvoll und kompliziert,
(er selbst hätt' es noch nicht kapiert)
und wüßte nur: Es funktioniert,
so daß man quasi über Nacht
den supergroßen Reibach macht.
»Wenn alles gutgeht, ist man dann
für immer ein gemachter Mann.
Hab' den Vertrag schon mitgebracht.
Wir müssen ihn nur noch datieren
und dann hier unten rechts signieren.«

Sankt Josef hatte leicht verstört
der langen Rede zugehört

und blickte sich nur manchmal stumm
und hilflos nach Maria um.
Die hatte mit dem Kind zu tun,
dem scheinbar plötzlich offenbar
ganz blümerant und unwohl war.
Vom Ochsen kam ein böses Muhn.
Dem Esel nur schien alles klar,
der rief ein freudiges »I-a«.
So sagte Josef ganz gerührt:
»Mein Freund, Gott hat Sie hergeführt.
Man spürt, daß Sie mit solchen Sachen
den Leuten gerne Freude machen,
mit ihnen, ohne zu verweilen,
die Sorgen und die Lasten teilen,
und ein so gutes Herz ist selten.
Der liebe Gott wird das vergelten.
Woher nur finden Sie die Kraft?«
Da fühlte sich der Mann geschmeichelt
und sagte laut und ungeheuchelt:
»Bei mir ist Leistung Leidenschaft.«

»Das Gold«, sprach Josef dankbar, froh,
»es liegt dort drüben unterm Stroh
und bringt so sicher nicht Profit.
Ach, nehmen Sie's doch einfach mit!«
Der Fremde fragte: »Einfach so?«
und war nun sichtlich irritiert.
Er fand das Gold, war ganz verwirrt
und witterte schon insgeheim,
das könnte eine Falle sein.
War das Metall vielleicht gar schlecht?

Er biß hinein. Das Gold war echt.
»Und der Vertrag? – Sie müssen hier …«
»Ach, wissen Sie, erspart es mir!
Wozu braucht es geschriebnen Kram!
Auf guten Willen kommt es an.
Wo man sich nicht aufs Wort vertraut,
ist alles eh auf Sand gebaut.«
Da stammelte der Mann: »Ja dann …«
und er verließ, als wär' ihm bang,
den engen Stall im Rückwärtsgang.

»Wie war ich?« fragte Josef stolz,
»du siehst, ich bin nicht nur aus Holz.
Maria, Schatz, sag, liebst du mich?«
»Ich liebe und bewundre dich.«
Sie beugte sich zur Krippe nieder.
»Sieh da, das Kind, es lächelt wieder!«

Weihnachten 1914

Anno vierzehn im Krieg.
Alle glaubten an schnellen Sieg.
Die Generäle schworen auf Ehre,
daß man Weihnachten wieder zu Hause wäre.
(Scheinbar galt es als geklärt,
daß man Weihnachten nach Hause gehört.)

Im Krieg aber, so ist halt das Leben,
kommt es manchmal anders eben.
Weihnachten kam heran,
und noch immer lagen Millionen Mann
in ihren Schützengräben.
Schon rieselte leise der Schnee,
da hatte einer eine Idee.
Er stellte in seinem Unterstand
ein zerschossenes Bäumchen an die Wand,
vielleicht war's auch nur aus Stacheldraht,
wie man im Krieg ihn ja reichlich hat.
Darauf verteilte er etwas Watte,
die er im Schlafsack hatte.
Einer fand einen Kerzenrest.
Man kam und setzte sich leise
um das Bäumchen im Kreise,
und so war es fast schon ein Fest.
Und sie sangen, wie man das so macht,
von der stillen und heiligen Nacht,
vom holden Knaben im lockigen Haar,
von Hirten und ihren Herden,
von Engeln und Frieden auf Erden

und vom trauten hochheiligen Paar.
Fast hatten sie unterdessen
den ganzen Feind vergessen,
der drüben im Schützengraben war.
Doch plötzlich sang man dort auch,
so wie es zu Hause der Brauch
die uralte Weise,
erst zaghaft und leise,
dann kräftig herüber
je länger, je lieber.
Wer miteinander singen kann,
fängt irgendwann
miteinander zu reden an.
Einer konnte Deutsch radebrechen,
ein anderer etwas Französisch sprechen;
so rief man sich bald in aller Ruh'
freundliche Weihnachtsgrüße zu.
Und wenn erst einmal Worte fließen,
muß man auch nicht mehr auf sich schießen.
So kam es, daß sie bald verließen

die Gräben und Bunker und Unterstände,
und gaben sich einfach die Hände.
Sie sangen und spielten, tanzten und lachten,
sie zeigten sich Fotos ihrer Lieben,
den letzten Brief, den die Frau geschrieben
und was sie selbst im Frieden machten.
Am liebsten wären sie jetzt zu Hause.

So machte der Krieg eine kleine Pause.
Doch Weihnachtslieder und Kerzenlicht
mitten im Krieg, das gehört sich nicht.
Hände geben und fraternisieren,
darf vor dem Feind einfach nicht passieren.
Das ist ein skandalöses Treiben.
Da könnt' man ja gleich zu Hause bleiben.
Und der ganze Krieg hätte keinen Sinn.
Unmöglich. Wo käme man denn da hin!
Die Feldwebel fluchten mit ihren Leuten,
versuchten energisch einzuschreiten.
Die Offiziere tobten und schnarrten
und schrieen, man dulde so etwas nicht,
die Schuldigen kämen vors Standgericht,
und auch die Generäle starrten
fassungslos auf ihre Aufmarschkarten.
Die Sache lief nicht mehr »janz famos«
und wie jeplant und reibungslos.
Vom Himmel fielen die weißen Flocken.
Die Herstellung von Toten geriet ins Stocken.

Hier brauchte es rasch eine Wende,
und man machte dem Spuk ein Ende.

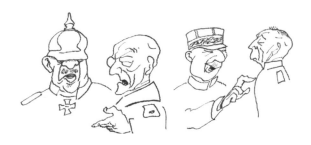

Auch die Feldpfarrer wußten beizeiten,
die Sache richtig zu deuten:
Feigheit vor dem Feind?
So sei Weihnachten nicht gemeint.
Man dürfe das Fest zwar genießen,
doch dabei nicht einfach nicht schießen.

So blieb der Weihnachtsskandal
nur ein winziger Zwischenfall.
Der Krieg war bald wieder normal,
und wer nicht gestorben zur heiligen Zeit,
fand danach noch manche Gelegenheit,
denn es ging weiter mit Dreck und Blut.

Die Moral der Truppe war wieder gut.

PS
Es ist doch erstaunlich und bemerkenswert,
daß bei Gewalt und Haß und Lügen,
bei Terrorakten und bei Kriegen,
Weihnachten immer noch irgendwie stört …

Der Bürgerkrieg

In allen Kirchen ward gesungen
Von stiller und von heil'ger Nacht.
Es hatte wunderbar geklungen
vom trauten Paar, das einsam wacht,
von Engeln, Hirten und dem Stern,
vom Frieden, der nun nicht mehr fern,
statt dessen fast schon greifbar nah,
und Christ, der Retter, er sei da.
Dann gingen alle froh nach Haus
und teilten die Geschenke aus.
Es leuchtete der Lichterbaum.
Die Kinder standen wie im Traum,
und alles war gelöst und heiter.
Das Leben allerdings ging weiter.

Das Volk begann, sich zu entzweien
in böse Bürgerkriegsparteien.
Hier hieß man Schmitz, dort hieß man Schmid.
Das war der ganze Unterschied.
Man fand, daß schon vor tausend Jahren
Die Schmids den Schmitzen grämlich waren.
Die hätten immer schon gelogen,
geklaut, verleumdet und betrogen.
Die nähmen sich mit viel Geschick
vom Kuchen stets das größte Stück.
Die wären tückisch und brutal,
auf jeden Fall nicht ganz normal,
verschlagen, listig und gemein,
und häßlich wärn sie obendrein.

Im »Schmitz-Anzeiger« war zu lesen,
so sei es immer schon gewesen.
Der »Schmid-Anzeiger«: »Unerhört!«
Es sei zwar wahr, doch umgekehrt.
Die Lehrer lehrten, die Geschichte
sei voller übelster Gerüchte.
Auch Pfarrer Schmid, er machte klar,
daß jeder Schmitz ein Sünder war.
Drauf Pastor Schmid mit frommer Häme,
kein Schmitz je in den Himmel käme.
Man schickte heimlich Detektive
in Bibliotheken und Archive.
Sie suchten auch vergeblich nicht,
denn manche Untat kam ans Licht.
In allen Winkeln, allen Ecken
gab's böse Dinge zu entdecken,
und mit gewaltigem Erschrecken
ward beiden Seiten plötzlich klar,
wie ahnungslos man bisher war.
Da stünde, meinte man betroffen,
noch manche alte Rechnung offen.
Die gelte es jetzt zu begleichen,
man werde nie und nimmer weichen.

Zu Weihnachten, da ward gesungen
Wie stets von stiller, heil'ger Nacht.
Es hatte wunderbar geklungen
vom trauten Paar, das einsam wacht,
von Engeln, Hirten und dem Stern,
vom Frieden, der nun nicht mehr fern,
statt dessen fast schon greifbar nah,

und Christ, der Retter, er sei da.
Und wieder ging man froh nach Haus
und teilte die Geschenke aus.
Es leuchtete der Lichterbaum.
Die Kinder standen wie im Traum,
und alles war gelöst und heiter.
Das Leben allerdings ging weiter.

Erst sah man sich, ob Frau, ob Mann,
nur böse von der Seite an.
Wer sich begegnete, sah weg.
Die Kinder warfen schon mit Dreck.
Auch in der Schule wollten Schmitzen
nicht neben Schmidschen Asis sitzen.
Dann durfte auch im Schmidverein
ein Schmitz bald nicht mehr Mitglied sein.
Man wurde stark, man wurde groß.
Am Stammtisch war die Hölle los.
Dann gab's, ein Schmitz ging grad vorbei,
die erste Kneipenschlägerei.
Als Schmitz dort einen Zahn verlor,
biß er den Schmid ins rechte Ohr.
Jetzt schwanden auch die letzten Zweifel.
Die jeweils andren waren Teufel.
Man tobte, drohte, rief nach Rache.
Das kam im Parlament zur Sprache.
Die Schmid- und auch die Schmitzpartei
erhoben wütendes Geschrei.
Daraus zog jeder nun die Lehre,
daß jeder hier ein Flegel sei
und völlig unbelehrbar wäre.

Man sei auch das Palavern satt.
Und alles andre wär' Verrat.

Doch Weihnachten die Chöre sangen
von stiller und von heil'ger Nacht.
Die altbekannten Lieder klangen
vom trauten Paar, das einsam wacht,
von Engeln, Hirten und dem Stern,
vom Frieden, der nun nicht mehr fern,
statt dessen fast schon greifbar nah,
und Christ, der Retter, wäre da.
Man ging jetzt ziemlich schnell nach Haus
und teilte die Geschenke aus.
Da gab es Helme und Gewehre,
Kanonen, Säbel, Zinnsoldaten
und Bücher voller Heldentaten,
ein Ordensband von wegen Ehre.
Die Mädchen kriegten süß und nett
ein richt'ges Puppenlazarett.
Doch niemand war mehr froh und heiter
Das Leben allerdings ging weiter.

Wer nachts noch wagte, auszugehen,
der blieb ganz oft verwundert stehen.
Er hörte Lärm. Er sah noch Licht.
Ganz klar: Die Leute schliefen nicht.
Sie sorgten vor, man weiß nicht, wie.
Warum? Wozu? – Man weiß ja nie.
Sie schnitzten Keulen, wetzten Messer,
sie übten, konnten's immer besser.
Sie bauten Schleudern und Musketen,
MPs, Kanonen und Raketen,
marschierten auf, marschierten nieder
und sangen Schmid- und Schmitzenlieder.
Sie installierten Warnsirenen,
berieten wilde Angriffspläne,
natürlich nur, um sich zu schützen,
die Schmitz vor Schmids, die Schmids vor Schmitzen.
Sie wußten ja, in Schlacht und Krieg
erringt das Gute stets den Sieg
und meistens auch noch reiche Beute.
Man hat ja Gott auf seiner Seite.

So kam es, wie es kommen mußte,
und wie man's eigentlich schon wußte.
Die Sache war zuletzt entschieden.
Am Ende gab es wieder Frieden.
Der Umweg kostete manch' Leben
und Hab und Gut. So ist das eben.
Man hätte besser ihn vermieden.
Doch das ist offensichtlich schwer.
Man weiß das meist erst hinterher.
Dumm waren Schmitz, dumm waren Schmid.
Das war der ganze Unterschied.

Zu Weihnachten die Chöre sangen
wie eh und je von stiller Nacht.
Die altbekannten Lieder klangen
vom trauten Paar, das einsam wacht,
von Engeln, Hirten, Krippenkind,
Maria, Josef, Ochs und Rind,
und daß zu Ende Krieg und Leid
von nun an bis in Ewigkeit.

Weihnachten 2001

Sie sagen,
mit diesem Ereignis
habe eine neue
Zeit begonnen,
und nichts mehr sei
wie zuvor.

Sie reden
von der Stunde null,
die alles verändert,
vom Ende
aller Illusionen
und vom Beginn
einer neuen Wahrheit.

Sie meinen
den 11. September.

Der Weltkongreß –
eine unglaubliche Geschichte

Eigentlich war es ein Weihnachtsabend wie jeder andere. Die Bescherung war gelungen. Der Baum, den Ludwig Krummbigl beim Förster geschlagen und eigenhändig geschmückt hatte, funkelte wie die Sternbilder des Winterhimmels. Seine Frau Resi sang gerührt »Süßer die Glocken« und »O du fröhliche«. Und der kleine Aloys war selig. Er vertiefte sich sogleich in seinen neuen Zauberkasten und war nur unter milden Drohungen bereit, sich am Abendessen zu beteiligen. Der Karpfen schmeckte vorzüglich, der Wein ebenfalls, und vorbeugend ist hier zu betonen, daß Krummbigl seiner Gewohnheit gemäß nicht mehr davon trank, als ihm zuträglich war. Nach dem Essen spielte er eine Weile pflichtschuldig mit dem Kleinen. Der hatte schnell begriffen, wie man mit Spitzhut und Zauberstab, mit Ringen, Knoten und Karten umgehen mußte. Aber dann übernahm Resi die Rolle der verblüfften und begeisterten Versuchsperson, und Krummbigl bekam die Erlaubnis, sich zurückzuziehen.

Er hatte allen Grund dazu.

Sein Weihnachtsgeschenk stand unter dem Dach des Hauses, auf drei verstellbaren Beinen, mitten unter dem großen Schiebefenster, das er eigens dafür eingebaut hatte: das neue Fernrohr. Ein schönes, mattglänzendes Instrument, größer und besser als das alte, mit Sonnenfilter und

»paralaktischer Aufhängung«, mit Nachführautomatik, lichtstarken Objektiven und fein verstellbarem Okular, kurz: mit allem, was das Herz eines Amateurastronomen höher schlagen ließ.

Der Himmel war klar, eine stählerne Winternacht ließ die Sterne wie Christbäume funkeln. Krummbigl richtete sein Fernrohr auf eine Stelle des Firmaments, die er bisher vernachlässigt hatte. Der Glitzerstaub des Universums sprühte und brillierte wie noch nie, die Milchstraße ergoß sich quer und breit über die gewaltige Kuppel. Die Fixsterne flimmerten, zwei Planeten sandten ihr ruhiges Licht, vereinzelt tauchten Satelliten auf und durchquerten eilig die Pracht.

Krummbigl näherte sein Auge dem Okular. Er drehte es scharf und – sah!

Zunächst fuhr er erschreckt zurück und rieb sich die Augen, überzeugt, einer Halluzination aufgesessen zu sein. Dann kniff er sich in den Arm und biß, um ganz sicherzugehen, auch noch auf die Zunge. Es half nichts. Der zweite Blick bestätigte den ersten. Noch einmal schüttelte er ungläubig den Kopf, überzeugte sich verstohlen, daß niemand die Fensterscheibe bemalt hatte und riskierte einen dritten Blick. Er sah – auch die Feder sträubt sich, es zu bekennen – er sah den lieben Gott.

Unzählige Generationen hatten Ihn irgendwo dort oben vermutet und doch vergeblich gesucht, hatten zu Ihm hinaufgerufen, -gebetet, -geflucht. Sie hatten keine Antwort bekommen. Die Gottsucher aller Zeiten, sie mochten Ihn aus Büchern und Schriften herausgelesen, Ihn im Sturm, in Meer oder Wüste erwartet haben, sie mochten Ihn mit dem inneren Auge gebildet, in mystischen Visionen erträumt oder im brennenden Dornbusch ihrer Fieberschauer geahnt haben – Krummbigel sah Ihn. Er sah Ihn mit unanfechtbarer Deutlichkeit, nicht im Glanz der himmlischen Heerscharen, nicht flankiert von Erzengeln oder Heiligen, auch nicht umflattert von rosigen Säuglingen mit nichts als Kopf und Flügeln, im Gegenteil, es war ein sehr konkreter und fast schon peinlicher Anblick: Der liebe Gott – und abermals sträubt sich die Feder –, er lag im Bett und schlief.

Krummbigl wurde es mulmig. Mit solchen Dingen kannte er sich nicht aus. Seine religiöse Vorbildung war die eines oberbayerischen Schulbuben. Seine visionäre Begabung war die eines oberbayerischen Postbeamten. Und seine Bereitschaft, sich in das Getümmel eines theologisch-philosophischen Prinzipienstreits zu stürzen, war denkbar gering. So zweifelte er keinen Augenblick, daß ihn diese Entdeckung bei weitem überforderte. – Er kannte die Bewegungen der Himmelskugel. Zum Staunen seiner Frau verstand er etwas von Azimuth und Ekliptik, von Doppelsternen und Galaxien. Er nannte die wichtigsten Mare und Ringgebirge des Mondes beim Namen. Und er liebte – wie alle Hobbyastronomen – den Andromedanebel. Aber damit mußte es auch sein Bewenden haben. Ein Beobachtungsobjekt wie der liebe Gott sprengte seine Ambitionen. Auch ein schlafender lieber Gott war etwas höchst Beunruhigendes. Krummbigl zögerte aus begreiflichen Gründen, aber aus noch begreiflicheren lief er schließlich zum Telefon und wählte eine Nummer.

Irgendwo in den schottischen Highlands nahm Tom O'Leary den Hörer ab. Der rothaarige Bastard mit den irischen Vorfahren, der Frau und Kinder tyrannisierte und wie ein Droschkengaul trank, war seinerseits den Sternen verfallen.

»Donnerwetter!« brüllte Tom in die Leitung, daß Krummbigl zusammenzuckte. Dann folgte eine lange Sekunde erschrockenen Schweigens.

»Hey, alter Junge, hast du ›Gott‹ gesagt?«

»So wahr ich hier stehe.«

»Sag mal, habe ich mich im Datum geirrt? Bei uns brennt der Weihnachtsbaum, und bei dir ist der erste April?«

»Quatsch! Hier ist Weihnachten wie bei dir und überall. Ich habe das neue Fernrohr in Betrieb genommen, und das erste, was ich sah, war …«

»Du meinst wirklich der – liebe Gott? Und nicht Jupiter oder Apollo, oder wie wär's mit Venus?«

Krummbigl wurde ungeduldig. »Mach keine Witze! Ich hab' Ihn gesehen. Eindeutig. – Im Sternbild des Triangulum, Rektaszension 1 h 29 min. Sieh selber nach, wenn du mir nicht glaubst. – Offen gestanden: Ich will, daß du nachsiehst, und zwar sofort. Ich selbst glaube mir erst, wenn auch du Ihn gesehen hast.«

Wieder Stille. O'Leary war nun doch hörbar irritiert. Offenbar hatte der alte Heide schon kräftig gebechert, um in Weihnachtsstimmung zu kommen. So hatte er jetzt alle Mühe, seine Sinne zusammenzunehmen und den Ernst der Lage zu begreifen.

»Sind – wie soll ich sagen, Engel dabei, oder – ist Er irgendwie zu dritt?«

Krummbigl war es leid. »Glaub, was du willst. Ich habe dich informiert, wie es sich unter Freunden gehört. Morgen erwarte ich deinen Anruf.«

Er legte auf und kehrte an seinen einsamen Beobachtungsplatz zurück. Es hatte sich nichts verändert. Wieder und wieder wandte er sich ab, ging unruhig von einem Ende des Dachbodens zum anderen, kehrte an das Rohr zurück. – Spät in der Nacht erwachte Resi und hörte oben seine Schritte.

* * *

O'Leary rief noch vor dem Frühstück an.

»Verflucht, du hast recht. – Auch ich hab' Ihn gesehen. Und Er schläft tatsächlich, als hätte Er die ganze Nacht in Freddies Pub verbracht.«

»Was sollen wir tun?« Krummbigl wußte es wirklich nicht. Tom war da praktischer veranlagt. Er hatte schon gehandelt.

»Ich habe den Pfarrer verständigt.«

»Den Pfarrer?«

»Und McFloyd vom ›Evening Star‹.«

Krummbigl schwitzte plötzlich. Der Pfarrer, ok. Der war gewissermaßen zuständig, und die Kirche fand immer Wege, theologische Unregelmäßigkeiten einzufangen und aus der Welt zu schaffen. Aber die Presse?

»Ist das nicht zu früh?« fragte er.

* * *

Es war schon zu spät. McFloyd hatte noch in der Nacht einen Blick durch Toms Teleskop geworfen und begriff sofort, daß er den »scoop« seines Lebens vor sich hatte. Im »Lexikon des Abiturwissens« versorgte er sich mit den nötigen Hintergrundinformationen und lernte ein paar ontologische, kosmologische und theologische Vokabeln. Dann schritt er zur Tat, genauer, er setzte sich an die Schreibmaschine und hämmerte einen Artikel in die Tasten, der die Grundfeste der Erde erschüttern sollte.

Drei Tage später stand es in den meisten Blättern der Insel und des Kontinents, zunächst auf der Seite für Buntes und Verschiedenes. Amateurastronomen hasteten an ihre Rohre. Einige Wissenschaftler schlichen verstohlen zu den ihrigen. Gegen Ende der Woche stand es als Schlagzeile auf den Titelseiten der Weltpresse.

Wen könnte es wundern! Es war die größte Sensation der bisherigen Weltgeschichte. Die »Gott-ist-tot«-Bewegung war sofort tot. Der ganze Planet geriet in Aufruhr. Man stürmte die Volkssternwarten und Planetarien. Jeder wollte Ihn mit eigenen Augen sehen. Ganze Bibliotheken wurden wertlos, ganze Fachbereiche der Universitäten und Akademien rangen nach Fassung und suchten hektisch einen neuen Daseinsgrund. Von allen Kanzeln und Kathedern, von allen Regierungsbänken, Lautsprechern und Monitoren hagelte es Thesen und Hypothesen. Die Volkshochschulen boten Schnellkurse zur Einführung in das neue Weltbild. Sämtliche Religionsgemeinschaften verzeichneten ebensoviel Zulauf wie Austritte. Die einen erhofften sich rasche Orientierungshilfe bei Pfarrern, Gurus und Imamen. Die anderen kamen zu der Überzeugung, daß man an einen Gott, den man mit eigenen Augen sehen konnte, nicht mehr glauben müsse. Wieder andere wollten nur amüsiert bis zynisch beobachten, wie die komplizierten Lehrgebäude der Vergangenheit von Augustinus bis Thomas, von Descartes bis Hawking eins ums andere zusammenstürzten.

Nun darf niemand glauben, die epochale Entdeckung des Ludwig Krummbigl hätte die Menschheit ihres zentralen Geheimnisses beraubt. Ein allmächtiger, allwissender Gott verwandelte sich nicht einfach in pure Anschaulichkeit. Es blieben Rätsel, die von den Stammtischen bis zur vatikanischen Glaubenskongregation für Gesprächsstoff sorgten. Warum war Er jetzt plötzlich aufgetaucht, nachdem Er sich jahrtausendelang den Blicken seiner Schöpfung entzogen hatte? Warum sah Er so und nicht anders aus? War Er ein Mann oder eine Frau? War Er keines von beidem? Die Perspektive, in der Er sich darbot, gab darüber keine Auskunft. Und immer wieder die Frage: Warum schlief Er? – Warum nicht? konterten andere. Die Bibel berichtete doch auch, daß Er am siebten Schöpfungstag ruhte. – Das war allerdings lange vorbei. Oder schlief er seitdem und vielleicht für alle Zeit?

Es hagelte Referate und Vorträge. Die Zeitungen und Zeitschriften quollen über von Aufsätzen, Interviews und Streitgesprächen. Die offenen Fragen blieben offen, die ungelösten Probleme blieben ungelöst.

In dieser Situation tat die Internationale Astronomische Gesellschaft (IAS) das einzig Richtige: Sie berief einen Weltkongreß ein, der die klügsten Häupter und würdigsten Vertreter aller hier tangierten Wissenschaften an einem Ort versammeln sollte.

Sie reisten heran aus Asien und Afrika, aus Südamerika und Europa. Der Papst sandte eine Grußbotschaft. Professor Scott von der Yale University hielt das Eröffnungsreferat. Er würdigte das Ereignis als eine der ganz großen Mutationen der menschlichen Kultur- und Geistesgeschichte. Er appellierte an die Verantwortung aller Anwesenden, sich den schwierigen Fragen mit Sorgfalt und Strenge zu nähern und sich den möglichen Folgen gewachsen zu zeigen.

Und dann ging es zu wie in einem Bienenstock. Astronomen und Astrologen, Mathematiker, Philosophen und Theologen rangen um Wahrheit und Erkenntnis. In Ausschüssen und Arbeitsgemeinschaften wurde debattiert, sondiert, meditiert. Im Plenum prallten die Meinungen erbittert aufeinander. Beobachter aus allen Staaten der Welt nahmen teil. Sämtliche Zeitungen und Rundfunkstationen sammelten Argumente und Eindrücke und verbreiteten sie nahezu gleichzeitig in jeden Winkel des Planeten. In allen Häusern und Hütten standen die Geräte auf Empfang. Der einsamste Leuchtturmwärter, die geplagteste Krankenschwester und noch der schnapsselige Stadtstreicher hatten zumindest ein Taschenradio, an dem sie begierig den Fortgang des Kongresses verfolgten. Und niemand ahnte, daß sich die Spannung schon am dritten Tag um eine ganze Größenordnung steigern würde.

In den Wandelhallen und Korridoren des Kongreßzentrums kursierte plötzlich ein Bulletin der Sternwarte des Mount Palomar. Man hatte das große Spiegelteleskop auf das zur Zeit allein interessierende Beobachtungsobjekt gerichtet und eine Einzelheit entdeckt, die der Aufmerksamkeit bisher entgangen war: Auf dem Nachttisch neben Gottes Bett stand ein Wecker. Ein in Langzeitbelichtung hergestelltes Foto ließ die Zeiger recht gut erkennen. Es war fünf vor zwölf, und die Weckzeit stand auf zwölf.

Noch wußte niemand so recht, was er davon zu halten hatte. Da bahnte sich Professor Pavlicek von der Prager Universität einen Weg zum Mikrofon.

»Meine Damen und Herren!« rief er, und in seiner Stimme war etwas, was die Unruhe des weiten Saales sofort erstickte. »Schon mancher Philosoph hat es geahnt. Jetzt wissen wir es. Die Welt, meine Damen und Herren, ist nichts weiter als Wille und Vorstellung. Sie ist der Traum eines schlafenden Gottes. Wenn aber der Traum ...« Hier unterbrach er sich und ließ den Blick düster von einem Ende des Saales zum anderen wandern, so daß nun jedes Geräusch erstarb. Und was jetzt kam, hatten sie alle schon gedacht, aber sofort in panischem Schrecken ins Unterbewußtsein verwiesen. Pavlicek würde es aussprechen. Dafür war er bekannt. Sie ahnten es. Sie wußten es. Sie schrumpften in qualvoller Erwartung seiner Worte. »Wenn aber der Traum, dann steht zu vermuten, meine Damen und Herren, daß unser aller Existenz mit Seinem Erwachen zu Ende ist.«

Noch einmal vertiefte sich die Stille. Dann brandete Lärm auf. Der Saal verwandelte sich in einen Hexenkessel. Wissenschaftler aller Nationen schrieen durcheinander, rauften sich die Haare, gestikulierten wie Börsenmakler am Schwarzen Freitag. Journalisten hasteten zum nächstgelegenen Telefon. Kameras drehten, was das Zeug hielt. Frauen brachen in Weinkrämpfe aus oder blickten bleich ins Leere.

Es half nichts. Pavliceks banale Feststellung war von unabweisbarer Logik. Eine Schöpfung, die existierte, während ihr Schöpfer schlief, konnte bei seinem Erwachen nur verschwinden.

Sondersendungen und Extrablätter jagten die apokalyptische These innerhalb weniger Stunden um den Globus. Die Regierungschefs eilten vor die Kameras, um zur Ruhe zu mahnen und in beschwörenden Appellen das Schlimmste zu verhüten. Vergeblich. Die Menschheit stürzte haltlos in die tiefste Identitätskrise ihrer Geschichte. Das Interesse an den Einzelheiten des Weltkongresses trat in den Hintergrund. Zu groß, zu unausdenkbar war die Vorstellung, die Welt mit ihrer Geschichte, mit allem, was Menschen darin erlebt und erlitten hatten, sei nur virtuelle Wirklichkeit, die Laune eines schlafenden Gottes. Jede Faser des Denkens und Fühlens widmete sich den daraus resultierenden Fragen und Problemen. Zwar gab es nun eine Erklärung für die Sprunghaftigkeit und Absurdität der Geschichte. Zwar ließ sich nun deuten, warum Menschen und ganze Völker spurlos verschwunden waren, warum Entwicklungslinien des Geistes und der Kultur urplötzlich abbrachen oder anderswo ebenso unerklärlich auftauchten. Das plötzliche Aussterben der Saurier, die verrückten Experimente der biologischen Evolution mit Formen und Funktionen, die Fülle grotesker Phantasmagorien in der menschlichen Bewußtseinswelt – alles nichts weiter als neuronale Gewitter des göttlichen Gehirns.

Tiefer Pessimismus breitete sich aus. Es war ein Pessimismus nach rückwärts. Man hatte es Kopernikus schwer genug gemacht, die Erde aus dem Mittelpunkt des Kosmos zu schleudern. Man hatte es Darwin lange übelgenommen, daß er uns in die peinliche Sippschaft der Affen stellte. Und nun war die ganze Weltgeschichte nichts weiter als ein Nichts, ein Hirngespinst, eine Explosion auf Widerruf.

Der einzige Trost: Auch die Weltuntergangsphantasien der Vergangenheit waren Makulatur. Der Kosmos würde nicht als Weltenbrand, die Menschheit nicht im eigenen

Gift ersticken oder von apokalyptischen Reitern nieder-geritten werden. Sie würde verschwinden, von einem Augenblick zum anderen, im Nichts erstarren wie der Hofstaat Dornröschens, wenngleich auch ohne Hoffnung auf einen Prinzen, der sie eines Tages wieder wachküssen würde.

Als die ersten Reaktionen von Panik und Verzweiflung verebbt waren, kennzeichneten gedrücktes Schweigen und Trauer die vorherrschende Stimmung. Man überlegte, was sich noch zu beginnen lohnte. Man besuchte Ziele, die man schon lange hatte besuchen wollen, traf alte Freunde, kürzte die Laufzeit von Hypotheken und Sparbriefen. Nur vereinzelt geschahen Verbrechen, mit deren Ahndung die Täter nicht mehr zu rechnen schienen. Es war, als könne alles in wenigen Wochen oder Monaten verjähren.

Der Weltkongreß diskutierte die neue Lage mit verhal-tener Leidenschaft. Mancher fragte sich, ob man nicht überhaupt auseinandergehen sollte. War es nicht sinnlos, über das Bild einer Welt nachzudenken, die mitsamt ihren Denkern demnächst im Morgengrauen des achten Schöp-fungstages verdunsten würde? Nicht wenige der Dele-gierten packten tatsächlich ihren Koffer, um die vielleicht letzten Momente im Kreise ihrer Lieben zu verbringen oder noch dies und jenes zu erledigen.

Dann aber keimte Optimismus in der Fraktion um Monsignore Rodenstock. Der namhafte Theologe und Vertraute des Papstes war aufgestanden und lenkte den Blick auf neue Perspektiven. Gestützt auf die Aussagen der Kirchenväter und untermauert durch hinreißende Beispiele aus Geschichte und Gegenwart wies er nach, daß das Böse in der Welt eine so eigenständige Rolle spiele, daß ihm unmöglich die untergeordnete Bedeutung eines göttlichen Alptraumes zukomme.

»Ausgeschlossen,« rief er mit lauter Stimme, »daß ein Gott, so er denn wirklich Gott sei, das Böse tut. Und wenn nicht tut, dann auch nicht denkt. Und wenn nicht denkt, dann auch nicht träumt. – Gewiß, auch der friedlichste Mensch irrt träumend zuweilen durch die düsteren Bereiche seines Unterbewußtseins. Nennen wir es die Folge der Erbsünde oder die prinzipielle Ambivalenz eines jeden endlichen Daseins, das das Böse, den Tod nämlich, in sich trägt. Ein Gott jedoch ist über solche Defizite erhaben. Da Er den Reiz des Bösen nicht empfinden, derartige Gelüste also auch nicht unterdrücken muß, hat Er kein Unterbewußtsein, das sich in Träumen Luft schaffen müßte. Überhaupt ist es nicht vorstellbar und ein Widerspruch in sich, daß ein unendliches Bewußtsein Raum ließe für ein Unter-Bewußtsein. – Mit einem Wort: Das Erwachen des Allerhöchsten wird die Braven und Guten vernichten, nicht aber die Bösen und Gemeinen. Sie sind eine Spezies »sui generis«. Kein Gott kann sich ausdenken, was dem Menschen im Laufe seiner Geschichte an Bosheiten und Teufeleien eingefallen ist und noch tagtäglich einfällt. Mit einem Wort: Es gibt eine berechtigte Hoffnung, ich behaupte, eine hohe Wahrscheinlichkeit, daß nur der gute, also allenfalls ein kleiner Teil der Menschheit verschwinden wird, der weitaus größere aber erhalten bleibt. Nicht wir werden böse verdämmern. Für Gott wird es ein böses Erwachen geben. – Ich selbst«, schloß er mit maliziöser Offenheit, »habe noch gestern Abend eine Jungfrau geschwängert, mich mit dem Papst überworfen und einem ahnungslosen Nachbarn meinen defekten Gebrauchtwagen verkauft.« Er breitete die Arme aus, als wolle er noch anfügen: »Ich denke, das reicht!« und verließ das Rednerpult.

Die Wirkung war enorm. Wie ein großes Aufatmen ging es durch die Reihen und pflanzte sich – von den Medien verstärkt – um den Globus fort. Männlein und Weiblein sahen sich an. Waren sie nicht alle kleine oder große Sünder? Hatten sie nicht nach Kräften und Gelegenheit beneidet, gelogen und betrogen, verleumdet, gehaßt und verfolgt? Gab es überhaupt einen einzigen, der niemanden übervorteilt, keinen scheel angesehen hätte? Wer auf diesem gottverdammten Planeten war denn ohne Fehl und Tadel? Hatten nicht auch die Heiligsten einen Winkel ihres Gewissens, wo sie niemanden hineinblicken ließen? – In der Tat, es war nicht anzunehmen, daß sich ein guter Gott dieses Gewimmel von Narren und Ohrenbläsern, von Toren und Tölpeln, von Beutelschneidern, Intriganten und Seitenspringern ausgedacht hatte. Einer nach dem anderen erkannte nun den Vorteil der Sünde. Was man eben noch peinlich verschwiegen hatte, begann man nun, einander verschmitzt zu gestehen. Allerlei Übeltaten kamen ans Licht. Man beichtete, man bekannte, man verwies triumphierend auf den gelungenen Diebstahl, den vollzogenen Ehebruch. Wer Frau und Kinder verprügelt hatte, wer fortwährende Bestechlichkeit oder Amts- und Machtmißbrauch nachweisen konnte, erntete Beifall und war plötzlich von Gleichgesinnten umgeben. Schon bildete sich der »Club der Verführer«, die »Union der Raser und Rechtsüberholer«, der »Förderkreis der Steuerhinterzieher und Schwarzfahrer«. Wer sich bis dahin als fehlerlos empfunden hatte, riskierte erste kleine Übeltaten oder ließ sich von Kennern und Könnern unterweisen. Auch Mörder gestanden schließlich auf offenem Markte ihre Tat und ließen sich unter den bewundernden Blicken der Umstehenden verhaften.

Ein wenig verfrüht, wie sich bald herausstellte.

Aus dem südlichen Australien kam eine Meldung, die das Wechselbad der Gefühle um einen neuen Guß verlängerte. Als man zufällig das neue Spiegelteleskop von Perth auf eine verschwiegene Stelle im Sternbild des »Triangulum australe« richtete, fuhren die Astronomen entsetzt zurück. – Was sie gesehen hatten, war so unglaublich, daß sich die ganze Menschheit in den Arm zwicken mußte, um es als Realität zu akzeptieren. Aber es gab keinen Zweifel. Dort lag der Teufel – und schlief. Und auch er hatte den Wecker gestellt. Und auch seiner stand auf fünf vor zwölf.

Zum ersten Mal kam es zu Handgreiflichkeiten im Plenarsaal des Weltkongresses. Monsignore Rodenstock, dessen These von der Überlebenskraft des Bösen das große Outing provoziert hatte, mußte fluchtartig das Weite suchen. Die Verwirrung der Gefühle, die totale Entwurzelung aller Werte und Sicherheiten entlud sich in hysterischen Aktionen. Nur wenige Besonnene versuchten, das Chaos zu beschwören und einen klaren Gedanken zu fassen. Sie mußten sich schließlich in einen angrenzenden Hörsaal zurückziehen.

»Im Grunde müssen wir nur zum ›Status ex ante‹ zurückkehren«, meinte Professor Watermann aus München. »Gott kann nichts Böses, der Teufel nichts Gutes träumen. – Uns kann es gleichgültig sein, mit wessen Erwachen wir verschwinden, ob mit dem des lieben Gottes oder mit dem des Leibhaftigen. Jeder kann sich aussuchen, was nach reiflicher Gewissenserforschung für ihn das Wahrscheinlichere ist.«

Es erhob sich kein Widerspruch. Er hatte ausgesprochen, was sie alle dachten.

»Also, gehen wir hinaus und sagen es den anderen,« schloß er nach langem Schweigen, »Niemand kann sich Hoffnung machen, lebend davonzukommen. Es macht also keinen Sinn, miteinander zu streiten. – Und wenn wir ehrlich sind, meine Damen und Herren, so war es eigentlich schon immer.«

Ende Januar tauchte ein zweites Langzeitfoto des Mount Palomar auf. Es unterschied sich vom ersten nur durch eine winzige, aber beunruhigende Kleinigkeit. Der Zeiger des göttlichen Weckers war um einen Teilstrich weitergewandert.

Sogleich machte sich ein Heer von Mathematikern unter Einsatz modernster Rechentechnik daran, den Zeitpunkt der Katastrophe vorauszuberechnen. Der Abstand zweier Teilstriche wurde mit den Bewegungen des Zeigers korreliert und über komplizierte Formeln mit der irdischen Zeit in Anschlag gebracht. Das ergab einen zuverlässigen Wert, der unter ständiger Kontrolle mehrerer Atom-Cäsium-Uhren überwacht und verbessert wurde.

So konnte man den Weltuntergang und damit auch das definitive Ende aller Geschichte auf den 30. Mai, punkt Mitternacht, festlegen. Dabei führte nur die Tatsache unterschiedlicher Zeitzonen zu Verständigungsschwierigkeiten.

Die NASA ließ sofort alle Pläne fallen, eine Raumsonde auf den Weg zu schicken, um die Uhr zu entwenden oder wenigstens die Zeiger zurückzustellen. Der Zeitrest war zu kurz. – So blieb die exakte Berechnung des Weltuntergangs der letzte Triumph der Wissenschaft. Jeden Morgen trat der

Vorsitzende der Zeitkommission vor die Delegierten des Kongresses und gab den verbliebenen Spielraum bekannt. Er tat es mit wachsender Begeisterung. Er tat es mit der ganzen Euphorie des erfolgreichen Forschers, der das schwierigste Problem seiner Laufbahn bravourös und ohne Rest gelöst hatte und darüber zu vergessen schien, daß das Endergebnis der eigene Untergang war.

Natürlich hatte man auch auf der Südhalbkugel beobachtet, gemessen und berechnet. Man hatte ein völlig gleiches Ergebnis erwartet und war deshalb nicht wenig überrascht: Die Uhr des Teufels ging eindeutig nach.

Die Differenz war äußerst gering und mit bloßem Auge nicht zu erkennen. Erst die unerbittliche Präzision der Meßinstrumente und Formeln ergab einen Unterschied von zwei bis drei Minuten irdischer Zeitrechnung, genug, um der öffentlichen Debatte neuen Zündstoff zu geben.

Lassen wir die Gruppe derer außer acht, die sich sofort erbittert mit der Frage beschäftigten, ob nun die Uhr des Teufels nach oder die des Lieben Gottes vorgehe. Halten wir uns auch nicht bei jenen auf, die mit wilden Spekulationen über die Auswirkungen dieses – für den Fortbestand der Welt vielleicht existentiellen – Zeitschlupfes reagierten. Wer aber bis dahin ein völlig ausgewogenes Gleichgewicht von Gut und Böse postuliert hatte, sah sich eines besseren belehrt.

»Der Teufel«, rief eine Pastorin der Anglikanischen Hochkirche, »ist nicht Gott mit negativem Vorzeichen, kein Anti-Gott. Luzifer ist ein gefallener Erzengel.«

* * *

Ludwig Krummbigl war ein bescheidener Mensch geblieben. Seine epochale Entdeckung hatte ihn zu einer weltbekannten Persönlichkeit gemacht. Man nannte ihn in einer Reihe mit Kopernikus, Columbus und Einstein. Im kommenden Herbst hätte er mit dem Nobelpreis rechnen können, wenn es einen kommenden Herbst geben würde. Und der ganze kosmologische Rummel hatte ihn mitgenommen. Er war über seinem Haupte niedergegangen wie ein tropischer Gewittersturm. Aber die klaren Grundsätze des Postbeamten und die sinnenfrohe Daseinsfreude des niederbayrischen Dörflers schützten ihn vor grüblerischer Versenkung in die Endlichkeit alles Geschaffenen. Brav und verläßlich ging er jeden Morgen ins Postamt und versah seinen Dienst, nahm Telegramme entgegen, gab Auskünfte und stempelte Briefmarken, darunter eine zum bevorstehenden Ereignis herausgegebene Sondermarke der Bundespost. Der Absatz ließ jedoch zu wünschen übrig.

Für den 30. Mai hatte er Urlaub genommen. Sein Chef machte große Augen, als er ihm den Antrag auf den Schreibtisch legte. Krummbigl blickte ins Grenzenlose. Es sollte halt alles seine Ordnung haben.

Am Morgen klingelte noch einmal das Telefon. Tom O'Leary war in der Leitung.

»Na, alter Knabe, was sind deine letzten Worte?«

»Keine Ahnung«, sagte Krummbigl.

Der Freund war kraftvoll angetrunken und lachte dröhnend.

»Wir sitzen hier in trauter Runde«, schrie er, »McFloyd, der Pfarrer und eine gutgewachsene Nachbarin. Betty ist mit den Kindern zu ihren Eltern. – Wir erfinden letzte

Worte. Das macht Spaß, und die Zeit vergeht wie im Flug. –
›Mehr Licht‹ wäre gut, ist aber schon vergeben. Der Pfarrer
meint, ›Wie wird mir?‹ sei ein gutes. Ich schwanke noch
zwischen ›Nun denn‹ und ›Na dann‹.«

»Aha«, sagte Krummbigl. »Na dann …«

»Cheers, alter Junge!«

»Ja, ja. Prost!«

Er legte auf.

Zum Mittagessen gab es gegrillte Schweinshaxe mit
Semmelknödeln und Weizenbier. Resi hatte den Tisch
festlich geschmückt. Auch sie war ein wenig erschöpft.
Den ganzen Tag hatte sie das Haus geputzt, als müsse sie
es lupenrein an den nachfolgenden Besitzer übergeben
oder wenigstens einen guten Eindruck hinterlassen. Spar-
sam und vorausschauend, wie sie war, hatte sie alle Vor-
räte aufgebraucht, den Mülleimer entleert und die letzten
Rechnungen bezahlt.

Nun hieß es nur noch warten. Eng umschlungen saßen
sie auf dem alten Sofa am Kamin und schauten dem klei-
nen Aloys zu, der hingebungsvoll mit seinem Zauber-
kasten spielte. Alle Tricks waren hundertmal probiert und
klappten vorzüglich. Er wenigstens spürte nicht, wie die
Zeit verging.

»Laß ihn!« sagte Resi, als Krummbigl ihn zu sich rufen
wollte.

Sie schwiegen und lauschten auf das Ticken der Pen-
deluhr. Ungerührt schoben sich die Zeiger vor. Das
Ticken machte die Stille noch hörbarer. Nur gelegentlich
wehte von der Gastwirtschaft am Ende der Gasse ein
Fetzen von Musik oder Gelächter herüber. Einige Erden-
bewohner hatten sich offenbar entschlossen, das Ende der

Welt nicht in meditativer Betrachtung, sondern in Saus und Braus zu erleben.

»Schade«, seufzte Resi.

»Was?«

»Daß es zu Ende ist. Und daß es alles nichts war. Ich meine, die ganze Welt und so.«

Krummbigl nickte.

Um fünf vor zwölf begannen die Glocken zu läuten, einige nah, andere entfernt. Auf dem ganzen Planeten läuteten jetzt die Glocken. Es war, als vibriere die Erde.

»Weißt du«, sagte Krummbigl. »Die Welt und das alles, das war so spannend, daß es sich schon lohnt, irrtümlich daran geglaubt zu haben.«

Dreißig Sekunden vor Mitternacht hob klein Aloys den Kopf und lauschte.

»Mama, die Glocken.«

Er schloß seinen Zauberkasten und lief zum Fenster. Die Scheiben klirrten leise. Die Uhr schlug zwölf.

Nächstenliebe

In des Dorfes dunkler Schenke
sitzen Iwan und Alexis,
schlürfen ein Gebräu aus Molke,
lauschen stumm dem Wintersturme,
der hoch überm Dache wütet.
Christfest naht, und alle Herzen
sind ein wenig milder als das Wetter.
Schon seit einer guten Stunde
schaun sie schweigend in die Becher.
Da fragt Iwan den Alexis:
»Brüderchen, wie geht es dir?«
Wiederum nach langem Schweigen
ringt ein Seufzer seines Nachbarn
sich voll Kummer aus der Brust.
»Brüderchen, es geht mir schlecht!«
Da macht Iwan große Augen.
»Aber sag, was ist geschehen?
Welches ist der Grund des Kummers?«
»Es ist, weil … du liebst mich nicht.«
Jetzt springt Iwan auf vom Stuhle.
»Brüderchen, was sagst du da?
Wieso sollt ich dich nicht lieben!
Was bringt dich auf den Gedanken?«
Nickt Alexis und spricht leise:
»Würdest du mich wirklich lieben,
müßtest du mich nicht erst fragen,
Brüderchen, wie es mir geht.«

Der Weihnachtsbengel

Als diesmal in der Weihnachtsnacht
der Engel Heere voller Pracht
das himmlische Gefild' verließen
und steil hinab zum Stalle stießen,
um dort den Hirten und dem Kind,
Maria, Josef, Ochs und Rind
das Friedenswort zu überbringen
und noch ein Gloria zu singen,
da fehlte leider dieses Jahr
ein Engel in der großen Schar.
Der war zwar äußerlich ein Engel,
mit Flügeln, Goldhaar, weißem Hemd,
wie man das ja von Bildern kennt,
doch innerlich ein übler Bengel,
bekannt im ganzen Himmelsreiche
für Schabernack und Bubenstreiche,
Er war (wie sonst nur ird'sche Knaben)
für jede Albernheit zu haben.
Und da er grad was ausgefressen,
tat Petrus vor dem Weihnachtsfest
ihn pädagogisch in Arrest,
und als der Schwarm zwecks Gotteslob
nach Bethlehem zur Erde stob,
da hatte man ihn schlicht vergessen.

Nun ja, man weiß, daß solche Knaben
vor nichts und niemand Ehrfurcht haben.
So hatte schneller, als man denkt,
er seine Wächter abgelenkt,

wer weiß, vielleicht sogar bestochen
und war aus dem Verließ gekrochen
und nun, man denkt und glaubt es kaum
allein im weiten Himmelsraum.
Natürlich schlich er, völlig klar,
gerade, weil's verboten war,
in die geheimen Vorratsräume,
schon lange Inhalt seiner Träume.

Hier stand in Schränken und Regalen
und sanft umglänzt von heil'gen Strahlen,
geputzt und sorgsam konserviert,
beschriftet, katalogisiert,
der reiche Schatz der Himmelsgaben,
an denen sich die Guten laben:
In Kisten, Kästen und in Schreinen
ein Sortiment von Heil'genscheinen,
die Reiseschuh der Engelsboten,
ein Stapel Halleluja-Noten,
auf goldnem Garderobenständer
in allerbester Qualität
gewebt, geschnitten und genäht
der Sel'gen himmlische Gewänder,
dazu Ersatz auf weichem Bügel
für ramponierte Engelsflügel.
Und dann, ganz hinten, gut bewahrt,
für schlechte Zeiten aufgespart,
der riesengroße Gnadenkübel,
aus dem Gottvater Gutes spendet
und unverdient zur Erde sendet,
was stärkt, befreit und über Nacht

die Menschen sanft und freundlich macht,
was Zorn und alten Haß vernichtet
und zwischen Feinden Frieden stiftet,
was Angestaubtes, Abgelegtes,
Vertrocknetes und Überlebtes
im Strom der Liebe ungehemmt
erlöst und in den Gully schwemmt.
Doch tat er das nie übereilt.
Erst nach gemächlichem Erwägen
ward dieser hochprozent'ge Segen
geschöpft und sorgsam zugeteilt.
Der Weise weiß: Zuviel des Guten
kann schwache Geister überfluten.

Wen wundert es, daß nun im Dunkeln
des kleinen Engels Augen funkeln.
Zu gerne wollte er schon lange,
und dabei war er gar nicht bange,
von diesen Köstlichkeiten kosten,
um sich ein Schlückchen zuzuprosten.
Der Krug war groß und streng verriegelt,
der Deckel schwer und fest versiegelt.
Wie er auch schob und sich bemühte,
wie sehr er stöhnte, schwitzte, glühte,
der Deckel öffnete sich nicht,
der Krug blieb dicht.
Doch konnte er mit starkem Schwingen
allmählich ihn zum Schwanken bringen,
bis plötzlich er mit lautem Krach
zur Seite stürzte – und zerbrach.
Und glitzernd sich ein Strom ergoß,

der durch die Wolken abwärts floß.
Der riesengroße Himmelssegen
versprühte sich als warmer Regen
auf Berge, Meere, Städte, Wälder,
auf Dörfer, Straßen, Häuser, Felder,
auf Flüsse, Ströme, Mensch und Vieh,
und es ward Weihnacht wie noch nie,
denn alles, was von ihm benetzt,
das änderte sich hier und jetzt.

Tyrannen ließen laut verkünden,
sie würden nie mehr Völker schinden
und seien nun fürs Menschenrecht,
denn alles andere sei schlecht.
Die Wächter ließen mit Juchhei
sofort die Dissidenten frei.
In Belfast und im Baskenland
gab man sich ritterlich die Hand.

Wo man soeben noch geschossen,
da wurden Ehen nun geschlossen,
und man bereute seine Sünden.
Man wisse jetzt, ein blut'ger Krieg,
der führe bestenfalls zum Sieg.
Ein Frieden sei so nicht zu finden.
Mit fremden Völkern kann man raufen,
doch besser noch zusammen saufen.
In Israel, man ahnt es schon,
gab's plötzlich nützlichen Beton.
Die Mauer fiel wie alle Mauern,
und niemand wollte das bedauern,
und alles Volk im Heil'gen Land
umarmte sich, gab sich die Hand.
Sogar Sunniten und Schiiten
sah man sich eifrig überbieten
mit Friedlich-, Freundlich-, Zärtlichkeit.
Auch der Iran war jetzt bereit,
auf Nukleares zu verzichten,
statt Streit zu suchen, ihn zu schlichten.
Sogar das Hirn von Kim Il Sung
war plötzlich wieder etwas jung.

Die Börse hatte unterdessen
fast ihren Daseinszweck vergessen.
Hier sah man Aktionäre rennen,
um ihre Aktien zu verbrennen.
Dort streuten andere mit Erfolg
sinnlosen Reichtum unters Volk
und riefen glücklich aus: »Famos,
das Zeug sind wir nun endlich los!«

In Politik und Management
begann ein neues Regiment.
Man leerte alle Schwarzen Kassen.
Was da erschien, war kaum zu fassen,
und jedem Bürger ward gezahlt
ein opulentes Grundgehalt.

Sogar die Kirche zeigte Regung
und kam ganz heftig in Bewegung.
Der Papst lud gleich auf ein Glas Wein
die ganze Kurie zu sich ein.

Und sagte ihnen: »Daß ihr's wißt,
auch evangelisch ist man Christ.
Ob Jesus etwas, ganz, ob viel
im Abendmahl erscheinen will,
das bitte er ihn sehr bescheiden,
in Zukunft selber zu entscheiden.
Wenn eine Frau sich geisterfüllt
zum Priestertum berufen fühlt,
dann sage man in Zukunft schlicht:
»Warum denn nicht?«
Man könne nicht für alle Zeiten
den Frauen dieses Recht bestreiten.
Gewiß, und da gilt jede Wette,
daß Zölibat manch Vorteil hätte,
doch kann man auch, wenn nicht allein,
ein wirklich guter Priester sein.
So wie in der Apostel Schar
durchaus nicht jeder Single war.
Sein eignes Amt sei, wie es scheint,
von Jesus auch nicht so gemeint.
Und wer beim Sex, ob Frau, ob Mann,
sich wirklich nicht beherrschen kann,
dem sage er jetzt ins Gesicht:
»Ab morgen ist Kondomepflicht.
Das wird nicht gegen AIDS genügen,
jedoch, an uns soll's nicht mehr liegen.«

Auf Erden Friede, grenzenlos!
Im Himmel war die Hölle los.
Die Engel flatterten und sprangen,
das Chaos wieder einzufangen.

Man prüfte alles Inventar,
zu retten, was zu retten war.
Die Heiligen mit Kompetenz,
sie tagten zäh in Permanenz.
Die Kirchenlehrer schlugen, ach,
in ihren dicksten Büchern nach
und mußten kleinlaut eingestehen,
daß so ein Fall nicht vorgesehen.
Denn wozu war der Himmel da,
wenn schon auf Erden Himmel war?
Die heilige Dreifaltigkeit,
sie hüllte sich in Schweigsamkeit,
doch alle fragten simultan:
»Wer hat uns dieses angetan?«
Der Schuldige war bald ermittelt
und wurde kräftig durchgeschüttelt.
Sankt Michael zog ihn am Ohr
aus seinem Schlupfwinkel hervor.
Das gab ein Schimpfen und Geschrei.
Von überall lief man herbei,
und jeder hielt ein streng Gericht,
sprach viel von Tugend und von Pflicht,
auch von Askese und Verzicht,
von Weisheit, Klugheit, Gleichgewicht,
und was da mit dem Krug geschehen,
sei ein abscheuliches Vergehen.
Gottvater aber sagte bloß:
»Ich bitt euch, laßt den Kleinen los!
Was er getan, geschah doch nicht.
Er tat es nur für dies Gedicht.
Der Krug ist ja noch immer voll.

Schaut nach und schreibt's ins Protokoll!
Und hiermit wollen wir beschließen,
ihn künftig öfter auszugießen,
zumindest in der Heil'gen Nacht.
Der Bengel hat mich drauf gebracht.«

Die kleinste Weihnachtsgeschichte der Welt

Wir saßen am Familientisch. Zwei Freunde, meine Frau und ich. Es war spät geworden. Die Kinder schliefen schon. Wir mußten lauter sprechen als üblich für eine so späte Nachtzeit, denn draußen brauste ein Wintersturm und mischte ungewohnte Geräusche in das Gespräch. Im Garten schlugen Zweige an das Dach. Dunkle Orgeltöne kamen aus der Ferne über die Felder. Das Haus knarrte und ächzte in seinen Winkeln. Die Lampe stanzte einen Lichtkegel aus der Dunkelheit. Nur unsere Gesichter waren zu sehen, fremd, mit maskenhaften Schatten.

Und dann noch der Weihnachtsbaum. Er stand geduldig und erloschen in der Ecke des angrenzenden Wohnzimmers, aber in unregelmäßigen Abständen huschte das verwehte Licht einer Straßenlaterne über seine Zweige, die Silberkugeln und die roten Äpfel. Vielleicht war es auch der Schatten eines Zweiges, der draußen im Vorgarten mit dem Sturm rang. Manchmal glaubte ich sogar die kleine Krippe zu ahnen, die sich auf dem Fußboden tief in die Dunkelheit schmiegte.

Wir sprachen wenig. Zwischendurch gab es lange Momente des Schweigens. Dann lauschten wir auf die geheimnisvolle Musik da draußen. Manchmal klang es wie Stimmen, die der Sturm aus fernen Ländern und Völkern herantrug, verwirbelte Fragmente fremder Sprachen.

Flüsterten sie uns Geheimnisse zu? War es das Stöhnen gequälter Menschen, oder klang so das furchtbare Schweigen der Millionen, die dort draußen in Not und Angst leben mußten, in den Kellern der Diktaturen, auf der Flucht vor Bosheit und Haß? War der Wind ihre einzige Hoffnung? Würde er ihren Atem, ihre Rufe, aufnehmen und sie um die Erde tragen?

Plötzlich hörten wir das Geräusch der Tür am Ende des Wohnzimmers. Alle Augen wandten sich in diese Richtung. Dort stand – ja, dort stand wie ein Trugbild ein kleines weißes Gespenst. Mit großen Augen sah es uns an, aber es schien uns nicht wahrzunehmen. Der Blick ging nach innen. Dazu paßten auch die kleinen Fäuste, die sich am Schlafanzug festhielten. – Wir wagten nicht zu atmen, um das Bild nicht zu verscheuchen.

Und dann trippelte es heran auf nackten Füßen, stand schließlich am Rand des Lichtkegels, sah ernst von einem zum andern, zuletzt ins Gesicht der Mutter, den Blondkopf etwas zur Seite geneigt, lauschend in den Strom der Stimmen, die der Sturm herantrug. Und dann sagte es drei Worte: »Mama, der Wind!« lauschte noch einmal, drehte sich um und trippelte wieder zurück, durch das dunkle Wohnzimmer, schloß hinter sich die Tür und war verschwunden.

Wir saßen da mit offenem Mund. Einen heiligen Moment hatten wir erlebt. Meine Frau und ich tauschten einen Blick. Ich sah das tiefe Glück in ihren Augen. Sie stand leise auf und folgte ihrem Jüngsten. Gleich würde sie an seinem Bettchen sitzen, ihn noch ein wenig streicheln, vielleicht eine Melodie summen und sie in die vielen Stimmen dieser Nacht flechten. Und so würde ein

Hauch von Trost und Geborgenheit um die verwundete Erde wandern.

Und jetzt wußten wir es wieder: Gott mußte als Kind in die Welt kommen. Und Menschen müssen Kind werden, um ihm nahe zu sein. – Fürchtet Euch nicht!

Gute Vorsätze –
ein Rundumschlag

Bekanntlich ist es guter Brauch,
und manchmal nützt es dann ja auch,
daß wir mit Vorsatz und Besinnen
ein neues Erdenjahr beginnen.
Wir wollen diesmal viele Sachen
ganz anders und auch besser machen,
denn manches war, ich sag das mal,
wohl eher unteroptimal.

Als erstes wird jetzt abgestellt
die Massenarmut in der Welt.
Es ist nicht gut und geht nicht an,
daß mancher sich nichts leisten kann,
obwohl er schwerste Lasten wuchtet,
vom Morgen bis zum Abend schuftet,
dieweil daheim die Kinder hungern
und hoffnungslos am Müllberg lungern.
Sinnloser Reichtum macht nicht Sinn
und ist jetzt einfach nicht mehr »in«.
Im Trend liegt, wer auch mal verzichtet.
Wir finden: Eigentum verpflichtet.

Und dann die Arbeitslosigkeit.
Sie paßt nicht mehr in unsre Zeit.
Wir alle wollen gern mal ruhn,
doch dann auch was Vernünft'ges tun.
Wir werden uns sogleich beeilen,
die Arbeit besser aufzuteilen,

statt massenhaft sich langzuweilen.
Wir haben doch in schweren Stunden
für manch Problem den Weg gefunden.
Warum soll das in diesen Dingen
nicht auch gelingen?

Die Diktatoren und Tyrannen,
vor denen ganze Völker zittern,
die treiben wir jetzt auch zusammen
und bringen sie fest hinter Gitter,
denn das hat sich herausgestellt:
Die Bande schadet nur der Welt.
Daß so ein Typ die andren knechtet,
sie quält, verfolgt, brutal entrechtet,
das soll in Zukunft nicht mehr sein.
Denn wer auf anderer Kosten lebt
und andern eine Grube gräbt,
fällt selbst hinein.

Mit Haßparolen, Kampfgeschrei
ist es jetzt endlich auch vorbei.
Inzwischen weiß doch jedes Kind,
daß Kriege gar nicht nützlich sind.
Das bringt nur Tod und Qual und Wut
mit sehr viel Feigheit, wenig Mut,
und immer wird auch viel zerstört,
was sicher irgendwem gehört.
Wir lassen das. Es ist nicht gut.
Und wer sich was davon verspricht,
dem sagen wir: Es lohnt sich nicht.

Natürlich ist jetzt auch vorbei
die üble Waffenschieberei.
Daß jemand kalt und unbedacht
mit Tod und Haß Geschäfte macht,
nur für Rendite und Gewinn,
das hat doch einfach keinen Sinn.
Wir sagen ihm aus unsrer Sicht:
Ein solches Tun gehört sich nicht.

Auch Terrorismus ist nicht gut.
Er kostet einfach zuviel Blut
(zeugt mit Verlaub auch nicht von Mut),
denn wer hier wie im Wahnsinn handelt,
sich selbst in Dynamit verwandelt,
um einen Marktplatz zu betreten
und wahllos Hunderte zu töten
und sich als Märtyrer zu wähnen,
ist kategorisch abzulehnen.
Ein so verbrecherisches Treiben
soll künftig schlichtweg unterbleiben.
Natürlich wolln wir auch geloben,
die Gründe für solch Fehlverhalten
so bald wie möglich abzuschalten.
Siehe oben.

Als nächstes wollen wir jetzt schonen
die Welt, in der wir alle wohnen.
Statt unsere Umwelt zu vernichten,
gilt es, auf alles zu verzichten,
was uns als Vorteil lieb und wert,
doch anderen den Dreck beschert.

Wir meinen schlicht: Das ist nicht fein.
Es soll und darf und muß nicht sein.

Dann geht es, um es klar zu sagen,
den Bossen an den weißen Kragen,
die skrupellos die Leute schröpfen,
nur Werte für sich selber schöpfen.
Wer hier aus eigner Raffgier handelt,
die Welt in ein Kasino wandelt,
wer nur wegrationalisiert
und autofusiomatiniert,
Betriebe raffiniert zerstückt,
Bilanzen fälscht und fein gestrickt
die Leute auf die Straße schickt,
den Karren in den Dreck jongliert
und dafür dann noch abkassiert,
der wird jetzt nachqualifiziert.
Er wird per Sonderkurs getrimmt,
wie man sich sozial benimmt.

Und dann, ich glaub', ihr ahnt es schon,
das leid'ge Thema »Korruption«.
Mit Klüngel, Schmu und Schwarzen Kassen,
das werden wir in Zukunft lassen.
Man darf sich nicht mit Unschuldsmienen
am öffentlichen Geld bedienen.
Dies Geld hat doch so mancher hart
vom eignen Munde abgespart.
Wer dauernd Anstandsregeln bricht,
dem sagen wir: Das tut man nicht.
Auch soll man Kindern für ihr Leben

nicht ein so schlechtes Beispiel geben.
Es hat noch niemals gutgetan
Und bringt sie auf die schiefe Bahn.

Und wie bisher im Wahlkampf lügen,
daß Bretter sich und Balken biegen,
das gilt in Zukunft als verpönt.
(Wer hätte das nicht längst ersehnt!)
Man darf doch nicht, nur um zu siegen,
die Wähler hemmungslos betrügen.
So was verdirbt den Spaß am Spiel
und schädigt nur das Rechtsgefühl.
Man konnte das schon längst erkennen
und hätt' es wohl auch ändern können,
doch wie so oft, statt was zu tun,
ließ man es schlicht auf sich beruhn.
Damit ist Schluß, und zwar sofort.
Ehrenwort!

Das neue Jahr steht vor der Tür.
Da macht man Hausputz jetzt und hier.
Ab heute gilt ganz allgemein:
Wir lassen alles Böse sein.
Das wäre mal ein echter Segen.
Hat irgendwer etwas dagegen?
Nicht? – Nun, dann ist das endlich klar.

Prosit Neujahr!

Neujahr

Der Globus rollt auf krummen Wegen
wie stets dem neuen Jahr entgegen,
doch daß schon seit Millionen Jahren,
da auch noch Menschen mit ihm fahren,
hat er – man muß es sich gestehn –
noch nicht gespürt und nicht gesehn.
Das kann auch gar nicht anders sein.
Die Menschen sind schlichtweg zu klein.
Zuweilen juckt ihn ein Vulkan,
zuweilen krault ein Hurrikan,
doch daß auch Menschen mit dabei,
das ist ihm neu.
Daß die da zu Milliarden leben,
Silvester ihre Gläser heben,
mal hierhin und mal dorthin laufen
und sich um Geld und Länder raufen,
sich attackieren oder wehren,
und planen, bauen und zerstören,
das ist ihm wirklich gänzlich neu
und auch im Grunde einerlei.
Und daß sie dicke Bücher schreiben,
mal dieses und mal jenes treiben,
streng über Gott und Teufel grübeln
und sich ein böses Wort verübeln,
die Länder messen und die Meere,
sich duellieren wegen Ehre,
und mancher gar von ihnen schwört,
daß ihm die ganze Welt gehört,
das hat ihn auch noch nicht gestört.

Man kann sich nicht, sagt er gelassen,
mit jeder Kleinigkeit befassen.
Und wenn da nun um Mitternacht
ein jeder jauchzt und grölt und lacht,
ganz kirre an- und aufgeregt,
nur weil es endlich zwölfe schlägt,
dann bleibt der Globus ungeniert
und gänzlich davon unberührt
und ist auch längst schon still und heiter
zigtausend Kilometer weiter.
So ist, was wir hier schalten, walten
und meistens von uns selber halten,
im wesentlichen subjektiv,
und jedenfalls sehr relativ.
Ich glaub', es liegt darin ein Trost.
In diesem Sinne: Prost!

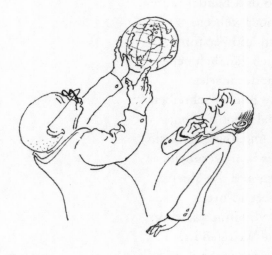

Ulrich Harbecke im Grupello Verlag

Mantel, Schwert und Feder
St. Martins Ritt
durch die deutsche Literatur
Literarische Parodien
€ 14,80 · 144 Seiten
Klappenbroschur
ISBN 978-3-89978-145-8
5., erweiterte Auflage

Eine verhängnisvolle Kombination: Alles ist erstunken und erlogen, die St.-Martins-Legende wird verfälscht, und klassische Gedichte werden verunglimpft. Kurzum: Es sind herrliche literarische Parodien entstanden!
Rheinische Post

jetzt auch als Hörbuch:

Mantel, Schwert und Feder
St. Martins Ritt
durch die deutsche Literatur
rezitiert von Martin Seidler
am Flügel begleitet
von Peter Grabinger
€ 14,90
ISBN 978-3-89978-140-3

www.grupello.de

Ulrich Harbecke im Grupello Verlag

Der gottlose Pfarrer. Roman
€ 16,80 · 168 Seiten
gebunden/Schutzumschlag
ISBN 978-3-89978-036-1

»Seine Rede stockte ... und Stille
breitete sich aus wie ein Ölfleck
auf dem Wasser ... Pfarrer Haus-
ner hatte seinen Glauben verlo-
ren ... Die Botschaft, die er
eben noch verkündet hatte, die
Lieder, die gesungen, die Texte,
die gesprochen worden waren –
alles leer.«

Der gläubige Kardinal. Roman
€ 18,– · 240 Seiten
gebunden/Schutzumschlag
ISBN 978-3-89978-027-2

Bald beginnt der anarchische
Geist von St. Kilian auch in der
Bischofsstadt zu wehen – bis
der Kardinal höchstselbst vor
der versammelten Pfingstge-
meinde beginnt, in Zungen zu
reden und seinen neu erwach-
ten Glauben zu verströmen ...

www.grupello.de

Ulrich Harbecke im Grupello Verlag

Die Juden
Geschichte eines Volkes
€ 19,90
192 Seiten
gebunden
Mit einem Vorwort
von Charlotte Knobloch
250 farbige Abbildungen,
Zeittafel, Glossar
ISBN 978-3-89978-076-5

Dieses Buch ist ein Reiseführer durch Länder und Zeiten. Am Wegrand liegen Schicksale und Leidenschaften, Erkenntnis und Verirrung, Ekstase und Strategie. Es ist nicht die Geschichte einer »Idee« oder eines »Systems«. Es ist die Geschichte von der Buntheit der Welt und von einer – trotz Verfolgung und Auslöschungsversuchen – unbändigen Freude am Leben. Und keine Religion konnte und kann sich selbst ironisch so betrachten und über sich lachen wie die Juden.

www.grupello.de